最成长
青少年
正能量
系列

成长，成才，成功

杰出青少年的成功心态

箫　笛◎主编

具备健康心态是通向成功的基座

时代出版传媒股份有限公司
北京时代华文书局

图书在版编目（CIP）数据

杰出青少年的成功心态 / 箫笛主编. -- 北京 : 北京时代华文书局，2013.12
（最成长·青少年正能量系列）
ISBN 978-7-80769-158-7

Ⅰ. ①杰… Ⅱ. ①箫… Ⅲ. ①成功心理－青年读物
②成功心理－少年读物 Ⅳ. ①B848.4-49

中国版本图书馆 CIP 数据核字（2013）第 277761 号

杰出青少年的成功心态

箫 笛／主 编

出 版 人 田海明 周殿富

选题策划 姜富霞 郑永生

责任编辑 杨迎会 姜富霞 装桢设计 刘 煜

出　　版 时代出版传媒股份有限公司 http://www.press-mart.com
北京时代华文书局 http://www.bjsdsj.com.cn
北京市东城区安定门外大街 136 号皇城国际大厦 A 座 8 楼 邮编：100011

发　　行 北京时代华文书局图书发行部 （010）64267120 64267397
印　　制 北京京都六环印刷厂 （010）89597336

规　　格 710mm×1000mm 1/16
印　　张 11
字　　数 151 千字
版　　次 2014 年 1 月第 1 版 2014 年 1 月第 1 次印刷
书　　号 ISBN 978-7-80769-158-7
定　　价 21.60 元

目录

CONTENTS

第一章

我有能力改变这个世界
——做个自信的青少年

一、成功心态是生命的一部分

名家名言

美国哲学家爱默生曾经说过：“自信是导向成功的第一要诀。”

从爱默生的话中，我们足以看出自信对一个人能够取得成功的重要性。因此，每个人都应该充满自信，用满怀自信的态度去迎接生活中的每一次挑战。一个满怀自信的人，所展现出来的精神面貌往往会让人感到非常惊讶，他会用积极的态度去面对人生的每个环节。

现实生活中，一个充满自信心的青少年，他将处世乐观、积极进取，在做事主动积极的同时，还能勇于尝试新事物，乐于面对新挑战。一个青少年如果缺乏自信心，那么他的行为态度，往往会表现出退缩、畏怯、悲观、被动等特征，不善与人交际。他经常不敢尝试新鲜事物，不敢挑战。凡事习惯于依赖和犹豫不决。所以自信对青少年的心智成长和人格发展有很大的影响，这将是青少年成长过程中的一堂必修课。

然而在现代的青少年人群中，却普遍存在这样一种现象——自我评价过低，这严重压抑了他们各种内在潜能的正常发挥。自我评价过低就是通常所说的自卑感，有自卑感的青少年往往会表现出行为怯懦，处处依赖老师、父母和同学，活动能力非常低下。这就需要青少年战胜自卑心理，树立起自信心。自信，首先是自己的事，关键是要坚信通过自己的不懈努力，目标就会实现。

在现实生活中，我们很难否定这样一个事实，那就是在这个世界上成功卓越者仅仅占一小部分，失败平庸者却占据相当大的一部分。表面上，成功卓越者活得充实、自在、潇洒；失败平庸者则过得空虚、艰难、猥琐。其实，人与人之间的差异很小，这个很小的差异就是心态，但这种很小的差异往往造成了巨大的人生差异，造成了人生不同的路向！

很小的差异就是所具备的心态是积极的还是消极的，两个字的区别，所造成的巨大差异就是成功与失败。所以说，心态决定成败与否。如果一个人具有了积极的心态，那么随着他的行动与心态日渐成熟，他就会慢慢地从中获得一种美满人生的感觉，信心满怀，人生中的目标感也会越来越强烈。

名家名言

成功学大师拿破仑·希尔曾说过：“积极的心态是心灵的健康和营养，能吸引财富、成功、快乐和健康；消极的心态却是心灵的疾病和垃圾，不仅排斥财富、成功、快乐和健康，甚至会夺走生活中的一切。”

所以，在生活中我们应该不仅应看到自身的缺点，更应看到自己的优点，要尽量做到扬长避短、扬长补短，要塑造良好的心态，这样才能使我们身心愉悦，有个好的心态才是成功的关键。消极的心态往往会使我们看什么都是遥不可及的，什么事情我们都做不好，持有这种心态会严重阻碍青少年的健康成长。积极的心态是我们成功路上的发动机。

有些人习惯于怨天尤人，总喜欢说，他们现在的境况是别人造成的，是因为环境决定了他们的人生位置。这些人常说他们的想法无法改变。但是事实却往往是这样子的，他们所处的境况并不是周围环境所造成的。说到底，如何看待人生，实际上由他们自己决定的。“二战”期间，纳粹德国某集中营的一位幸存者维克多·弗兰克尔说过：“在任何特定的环境中，人们还有一种最后的自由，就是选择自己的态度。”但是，真正能从纳粹集中营中走出来的，不仅仅需要有运气，更要有自己对生的渴望和积极的人生态度。当看到那么多人士已经处于不幸的边缘，众多人已经在集中营失去了生命，我们还有什么理由不积极面对自己的人生呢？

名家名言

马尔比·马布科克曾经说："最常见同时也是代价最高昂的一个错误，是认为成功有赖于某种天才、某种魔力、某些我们不具备的东西。"

细细分析，便可以看出：成功的要素其实掌握在我们自己的手中，关键是要拥有积极的心态。成功正是运用积极心态的结果。一个人能飞多高，并非由人的其他因素，而是由他自己的心态所制约。

美国著名的成功学大师拿破仑·希尔曾经这样告诉我们，我们的心态在很大程度上决定了我们人生的成败，究其原因主要有如下几点：其一，我们怎样对待生活，生活就怎样对待我们；其二，我们怎样对待别人，别人就怎样对待我们；其三，我们在一项任务刚开始时的心态就决定了最后将有多大的成功，这比任何其他因素都重要；其四，人们在任何重要组织中地位越高，就越能找到最佳的心态。

所以有人说，我们的一切完全是由自己的态度来创造，其实这是有一定道理的。当然，有了积极心态并不能保证事事成功，但积极心态肯定会改善一个人的日常生活。这是我们必须明确的。任何一种单一的方法都不能保证一个人凡事心想事成。反之，实行消极心态的人却一定不会成功。拿破尔·希尔说，从来没有见过持消极心态的人能够取得持续的成功。即使碰运气能取得暂时的成功，那成功也是昙花一现，转瞬即逝。

成功是我们每个人都很向往的，但对于如何才能成功、成功需要具备什么样的精神等问题我们又真正地知道多少呢？

美国的著名影片《阿甘正传》讲述了一个智力有缺陷的平凡人却创造非凡生活的传奇故事。

阿甘患有先天性弱智，他的智商只有75，然而他的妈妈是一个性格坚强的女性。她要让儿子和其他正常人一样生活，所以她常常鼓励阿甘，他和其他人是一样的，要他自强不息。阿甘虽然是不幸的，但又是一个幸运儿，上帝并没有遗弃阿甘，他不仅赐予阿甘一双疾步如飞的"飞毛腿”，而且赐给了他一个单纯正直、不存半点邪念的头脑。后来，在上学的校车里，阿甘与金发珍妮相遇，俩人感情很好。从此，在妈妈和珍妮的爱护下，阿甘开始了他一生不停的追求。在中学时，阿甘为了躲避同学的追打而跑进了一所学校的橄榄球场，就这样被大学破格录取，并很快成为了橄榄球巨星，受到了肯尼迪总统的亲自接见。大学毕业后，在一名新兵的鼓动下，阿甘应征参加了越南战争。在这里，他遇到了好朋友巴布和丹中尉。在一次战斗中，他所在的部队不幸中了埋伏，一声撤退令下，阿甘记起了珍妮的嘱咐，撒腿就跑，一直到跑到了一条河边才停下来。这时，他才猛地想起自己的好朋友巴布还没跑出来，于是他又奋不顾身地跑回去救巴布，但每次他跑回去找巴布时总有人喊着“help”，在救出丹中尉时，结果他竟被一颗子弹打中了屁股。之后，他终于找到受了重伤的巴布，但巴布由于伤太重，在救援来到前就牺牲了。阿甘失去了他最好的朋友，这个伤痛是越南战争带给他唯一的东西。战争结束后，阿甘因负伤救了战友而得到了表彰，受到了约翰逊总统的接见。在一次反战集会上，阿甘又遇见了珍妮，而此时的珍妮已经堕落，过着放荡的生活。阿甘一直爱着珍妮，但珍妮却并不爱他。两人匆匆相遇又匆匆分手。

后来，阿甘又迷上了乒乓球，而且技术练到十分精湛的程度。后作为乒乓外交的使者，到中国参加过乒乓球比赛，并为中美建交立了功。因为坚守巴布的承诺，阿甘成了捕虾船船长并因此发了大财，成了百万富翁。后来因为母亲生病离开了捕虾船，他做了一名园丁。但阿甘仍然时常思念珍妮，而这时的珍妮却早已误入歧途而不能自拔，陷于绝望之中。后来，有一天，珍妮回来了，她和阿甘共同生活了一段日子。在一天夜晚，珍妮投入了阿甘的怀抱，之后又在黎明悄然离去。后来阿甘开始了他长达三年多的长跑生活。

三年的长跑之后，阿甘感到有些劳累，就回到了自己的故乡，替他人免费除草。3 年以后，阿甘收到珍妮的信并按照信上的地址找到了珍妮的住处，他发现与珍妮在一起居住的还有一名与阿甘同名的小男孩，珍妮告知那是他的儿子。

这时的珍妮已经得了一种不治之症，但阿甘仍然同珍妮结婚并带着儿子一起回到了家乡，从此以后，他们共同度过了一段幸福的时光。

后来，珍妮过世了，他们的儿子也到了该上学的年龄。一天，阿甘刚把儿子送上了校车，这时，从他给儿子的书中落下了那根被他夹在书中的羽毛，随着校车的离去，开始飘舞，好像开始了另外一段旅程。

无数人看完影片，感动得热泪盈眶。它激发人们要超越缺陷，去追求完美的人生。有的人经常感觉生活负担很重，面前困难重重，肩上仿佛万石压身，因此整天垂头丧气，提不起精神来。阿甘的信念却非常单纯，目标非常清晰，即便先天不足，即使前面有穷山恶水，他也会以一颗平常心对待，并最终一一跨过，因此，保持一直积极的态度和坚强的意志，坚定的信念就减轻了他许多关于生命的重负，从而使他走向生命的辉煌。

阿甘的性格诚实，守信，认真，勇敢。在平常人看来，他是非常不幸的。他智商有缺陷，在小时候受尽了各种嘲笑与戏弄。但幸运的是，上帝又如此的公平，给他关闭了一扇门，同时又为他打开了一扇窗，给了他极其完美的性格。在阿甘一生的成长过程中，在困难坎坷面前始终如一，不懈地坚持着自己的信念与诺言。无论经历亲情、友情和爱情，他尽情地享受着爱，施予着爱，摒弃一切杂念，也正因为如此，他才得以屡屡创造出奇迹。

毫无疑问，阿甘的一生是成功的，他已经成了众人学习的榜样。多年以来，阿甘式的奋斗精神时刻激励着我们，在平淡而美丽的世界里，认真地生活，坚持如一。生命就像那空中白色的羽毛，或迎风搏击，或随风飘荡，或翱翔蓝天，或坠入深渊……人生尽管起起落落，而执着地为爱一步一个脚印走下去，终究会支撑起完美的人生，让平凡的生命闪现出绚丽的色彩，这便是电影给我们的启示。真理往往很简单，有些事情看似愚蠢，实为大智。看似平凡，实则伟大。

因此，从阿甘的事例中，我们可以看出：很多时候我们就像阿甘一样找不到做一件事的理由，很多时候我们都远不及阿甘，那些不知为何而做的事情总是非常轻易地半途而废了。人的一生往往就是这样，大多数时候，我们也许都在随波逐流，这种漂浮没有具体的方向，平淡到令人厌倦。可是，一个腾挪一个转身，总还是可以由自己控制的，你只需尽力将它做得完满，不要计较你究竟得到了多少，那么，你就可以越飞越高，你会发现，越往高处的地方，越接近天堂，所以我相信阿甘的成功并不是偶然。

阿甘有很多自己的理论，他坐在路边的长椅上和不相识的路人讲述他的传奇，他在每一个理论前面加上三个字：妈妈说。——妈妈说，人生就像巧克力，你永远不知道下一块将会是什么口味；——妈妈说，你必须明白，你和你身边的人一样，你和他们并没有什么不同，没有；——妈妈说，我只是告诉自己，当我做一件事的时候，我就要尽力去做好它。

当随着年华慢慢老去，再回首看看走过的路，如果你可以对昨天的一切感到无悔，那么你已经拥有了非常成功的一生。一种执着，成就不朽的经典；一种真诚，感动冰封的心；一句简单的话语，打动了所有曾经拥有过的人。

二、我能改变自己

生活未必是一帆风顺的，不同的时刻，就会有不同的境遇。但是，评价一个人不是看他在顺境时怎么做，而是看他在逆境时怎么做。在生活中，现实依旧残酷，除了鲜花之外，也总是伴随着泪水。

1. 改变抱怨的心态

有时候会有人抱怨，现在社会是一个追求学历的社会，很多人往往因为自己读的不是名牌大学而表现出灰心丧气，感觉自己处于一种无可奈何的境况。实际上，如果我们真的认为是如此的话，那么迎接你的未来就会真的变成这样。但是，我们并非认为自己是一个三流青少年，那么我们就不会成为三流的人，其实，如果真的用心，我们也能创造出一流的生活。

实际上，即使你是从一流的大学毕业，也未必真的能找到一流的工作。梦想是由自己创造的，而不是幻想出来的。让我们看一下具体的事例，就会对这个问题有更为深刻的了解和认识。

据说，有一位名牌大学的学生，他最大的梦想就是做一名外交翻译官。大学毕业后，她被分到英国大使馆。刚分配时她很高兴，因为这是一份别人梦寐以求的工作，但是到后来才知道，她担任的工作只是个电话接线员，一个被别人看不起也最没有前途的岗位。

这个时候，她并没有自暴自弃，而是慢慢学着喜欢这个岗位。她把使馆里所有人的名字、电话和工作都记在本子上，一有时间就默诵，她还试着记住使馆工作人员家属的电话和姓名，最后，还尽可能掌握大使馆人员的工作情况和外出情况。每当有电话打进来，她总是以最快速度接听，要找外出的工作人员的，她会告诉对方他外出了，什么时候可能回来，而这些是其他人都做不到的。她快速、准确的服务，不仅使得使馆工作人员得到很多方便，而且当地许多政府部门的工作人员都对她赞不绝口。

后来，大使也注意到这个工作非常努力的姑娘，每次外出工作时都不忘告诉她。而且，在大使的推荐下，她成为了英国一家著名媒体的翻译。不久，她又以出色的表现成为美国驻华联络处翻译人员，并受到外交部嘉奖。后来，她成了一所大学的副校长。

从这个事例中，我们可以看出：有时候人不能选择自己的命运，但是积极的心态，可以造就幸福的生活。可以选择把自己的事做得更好，而最终改变命运。

一个人想改变自己的命运，心态从中起着极为重要的作用，别太在意自己做一些不愿意做的事。人生不如意之事十有八九。所以总是失意的时间比较长，得意的时间比较短。而且有时候受点磨难并不是什么坏事，那是为了以后得到更大的收获，所以要学会转变心态，千万别一直报怨自己怎么活得这么累，干得这么辛苦；否则只会让自己陷入恶性循环当中，因为心理上的痛苦无形中会加剧工作生活的劳累，所以长此以往，会觉得自己越来越不快乐。那么，如何解决这个问题呢？办法只有一个，那就是转变心态，心态转变了，外面境界就会变好。多想想那些连衣食住行都处于极度贫乏的穷苦人，想想那些躺在医院病床上饱受病痛折磨的人，想想那些受人冷眼歧视的乞讨者；再想想那些真诚关心爱护我们的家亲朋友，我们应该庆幸自己至少拥有一个健康、温暖、自豪的成长环境。

2. 培养感恩的心态

除了上面所述之外，青少年还要培养自己感恩的心。没有父母的养育，老师的教导，朋友的帮助，青少年是不可能拥有今天的一切的。顺境中的青少年一定要懂得感恩，逆境中的青少年同样也要学会感恩，把它看作砥砺自己的意志和去除自己的不良习气的一种锻炼，它是从反面来成就和帮助自己的。如果青少年能够细细体会这番话，那么，人生便不会感觉有丝毫的灰暗。忘掉那些不快，一切从“心”开始，努力去拓宽自己的心量，心存善良，安守本分，做好每一件力所能及的事，善待身边的人，多去亲近正直善良的朋友，命运就会一直紧紧掌握在自己手中。

名家名言

成功学大师拿破仑·希尔说：“积极的心态，就是心灵的健康和营养。这样的心灵，能吸引财富、成功、快乐和身体健康。消极的心态，却是心灵的疾病和垃圾。这样的心灵，不仅排斥财富、成功、快乐和健康，甚至会夺走生活中已有的一切。”

美国成功学院曾经对 100 名世界知名的成功人士做了研究，其结果表明：积极的心态能够决定成功的 85%。爱迪生说：“天才是 99% 的汗水，加 1% 的灵感。”爱因斯坦也说过；“人们把我的成功归功于我的天才，其实我的天才只是刻苦而已。”伟人之所以伟大，很大的一部分原因是他们在积极心态下所付出的努力。可见，只要我们用积极的心态面对人生，每个人都会改变。在改变自己的世界里，同样也会收获到成功的果实。

那么什么是心态呢？心态就是内心的想法，是一种思维的习惯状态。荀子说：“心者，形心君也，而神明之主也。”意思就是说“心”是身体的主宰，是精神的领导。我们回想一下身边的人和事。同样都是聪明的孩子，学习成绩却有好坏优劣之分；学习不好，不是智力问题，不认真做作业是其中的一个重要因素。“认真”是什么，认真并不是智慧，而是“心态”！同样是青少年、教师，有人为三好青少年、优秀教师，有人却是“当一天和尚撞一天钟”，真正的区别仅在于谁更积极、更努力、更负责，而不是与生俱来的聪明才智。积极、努力、负责都是“心态”。领袖伟人、英雄模范，他们的成就，取决于付出甚至牺牲的多少，确确实实来源于心态，而绝非方法问题。

面对相同的夕阳，李商隐低叹：“夕阳无限好，只是近黄昏。”而叶剑英则高歌：“老夫喜作黄昏颂，满日青山夕照明。”这是两种截然不同的心灵境界。正如叔本华说：事物的本身并不影响人，人们只受对事物看法的影响。的确，任何事物都存在自己的两面性，其关键就在于你的心态是积极的还是消极的。如果你是积极的，那么，你看到的就是乐观、向上、幸福的一面，你的人生也将会是成功的；如果你是消极的，你看到的就是沮丧、悲观、灰暗的一面，你的人生也就是黯淡无光、没有色彩的。所以，拥有什么样的心态，就会拥有什么样的世界，同时也决定你会拥有什么样的人生。事物的本身并没有绝对的对错之分，但是却有积极与消极之分，只是人不能因为自己消极的态度而错待自己。

心态如同世界上所有的事物一样，始终处于运动变化之中。这种变化很大程度上受到心理定式和情境因素的影响。如果我们不经常加以调适，我们的心态就可能在不知不觉中走向消极。因此，面对变化着的人的心态，我们完全可以通过一定的方式加以调节，有必要也有能力做心态的主人，持之以恒地朝着一个确定的调试目标，坚持调节和控制不良心态，奖励并巩固积极心态，最后形成一个稳定而协调的心理状态。改变自己，实质就是改变自己对世界的看法；改变世界，就是改变世界对自己的评价。

海伦·凯勒的故事感动了亿万人，作为 19 世纪美国盲聋女作家、教育家、慈善家、社会活动家，她以自强不息的顽强毅力，在安妮·莎利文老师的帮助下，掌握了英、法、德等五国语言。她完成了一系列著作，并致力于为残疾人造福，建立慈善机构，被美国《时代》周刊评为美国十大英雄偶像，荣获“总统自由勋章”等奖项。

海伦·凯勒诞生在美国亚拉巴马州的塔斯比亚城。她天生聪明伶俐，出生不到六个月，便能清楚地说出“tea”（茶）、“water”（水）“doll”（布娃娃）等几个单词，对周围事物的感受性更是敏锐。

刚满周岁那年的一个傍晚，母亲趁着太阳西下以前，放了一盆热水为海伦·凯勒擦洗身子。可是，当母亲把海伦·凯勒从浴盆里抱了起来，放在膝盖上，正想拿一条大毛巾替她包裹身子的时候，海伦·凯勒的目光，突然被地板上摇晃不定的树影给吸引了过去。她好奇地看着，看着，看得特别入神，眼珠子一动也不动，而且还忍不住伸长小手扑了过去，好像非得揪住它不可。

当时，母亲虽然已经注意到了海伦·凯勒的那种眼神，但是在母亲的眼里，树影只不过是一种平常而又自然的现象，没有什么好大惊小怪的。所以，她万万没有想到海伦·凯勒会使出这么大劲儿往前倾，结果不小心一溜手，竟让海伦·凯勒滑倒在地，不停地哇哇大哭起来。母亲知道女儿受到了惊吓，飞快地将海伦·凯勒搂到怀中，连哄带骗了好一阵子，海伦·凯勒才得以安静了下来。

事隔不久之后，母亲一个人静静地回想这件事情发生的整个经过，她发现海伦·凯勒的观察力似乎特别灵敏。通常一周岁大的婴儿，应该是懵懵懂懂的，对什么事情都没有企图深入了解的倾向，可是海伦·凯勒却别有细腻之心思，甚至想用自己的肢体去感受变化的奇妙。当然，跟大人比起来，海伦·凯勒的表现并不成熟，如果跟其他的婴孩相比，可就不能不算特殊了。

而为人父母的，能幸运地生下一个天赋优异的小孩，当然是得意扬扬了！每逢亲朋好友到家里做客，不谈起女儿也就罢了，一旦话题转到海伦·凯勒身上，母亲心满意足的喜悦，就会自然而然地从言谈中流露出来。

但是这份喜悦终究没能维持太久。当父母亲正兴高采烈畅谈海伦·凯勒美好未来的时候，不料，十九个月的时候，海伦·凯勒却莫名其妙生了一场大病，这场大病不但夺走了父母心中的希望，更使海伦·凯勒变成一个既看不见又听不见的小女孩。

可怜的海伦·凯勒，该如何去面对一个没有光线、没有声音的世界呢？这真是一个令人头痛的问题。通常教育一个五官健全的孩子，已经不是一件轻而易举的事情了，更何况海伦·凯勒眼睛看不见耳朵听不到呢！可能，海伦·凯勒的爸爸妈妈当时能够猜测，也可以想象海伦·凯勒的心情，但是他们绝对无法体会到那是怎么样的一种心情，就如同海伦·凯勒无法体会正常人的生活一样。

后来遇到的莎莉文老师跟海伦·凯勒很投缘，她们认识没有几天就相处得非常融洽，而且莎莉文老师还教海伦·凯勒学会了认字。

为了克服这个困难，莎莉文老师替海伦·凯勒找了萨勒老师（郝博士），郝博士教导她利用双手去感受别人说话时嘴形的变化，以及鼻腔吸气、吐气的不同，来学习发音。当然，这是一件非常不容易的事，不过，海伦·凯勒还是做到了，甚至后来成为著名的作家。盲人作家海伦·凯勒，除了突破功能障碍学会说话，更奉献自己的一生，四处为残障人士做演讲，鼓励他们肯定自己，立志做一个残而不废的人。海伦·凯勒的这份爱心，不但给予残障人士十足的信心，更激起各国人士正视残障福利，纷纷设立服务机构，帮助他们健康快乐地过生活。

1968 年，海伦·凯勒去世，她终生致力于服务残障人士的事迹，传遍了全球。她写了许多书，有的还被拍成了电影。莎莉文老师把最珍贵的爱给了她，她又把爱传递给所有不幸的人，带给他们希望。她坚强的意志和卓越的贡献感动了全世界，她去世后，各地人民都开展了纪念她的活动。

名家名言

列夫·托尔斯泰说："大多数人想改造这个世界，但极少有人想改造自己。"

面对整个生命，教育就凸现出其魅力所在，因为"教育的本质是塑造健全人格，教育的真正目的就是在于帮助生命的正常发展，教育就是助长生命发展的一切作为。"

海伦·凯勒若是没有改变自己的信心，即便有老师帮助，也不能成功。

目标是积极心态的主要标志。没有目标，我们的热忱便无的放矢、无处依归。有目标，才有斗志，才能开发我们的潜能，才能使心态更加积极。美国著名的成功学大师卡耐基曾做了关于目标对人生影响的跟踪调查，对象是一群智力、学历、环境等条件都差不多的年轻人。调查结果发现：97% 的人没有目标或目标模糊；3% 的人，有清晰的目标，并有落实的计划。10 年的跟踪研究结果令人非常吃惊：原来那 97% 范围的人除了长了 10 岁外，在工作、生活、个人成就上就几乎没有太大的起色，还是那么平庸；而原来与众不同的 3%，却在各自不同的领域里不同程度地取得了成功，并且在按原定的人生目标走下去。爱迪生为找做灯丝的材料，做了 5000 多次实验都失败了，面对记者的采访，爱迪生说："我不是失败了 5000 多次，而是我知道有 5000 多种材料不适合做灯丝，我还要继续下去。"经过 10000 多次的实验，他终于选出了钨丝，给人们带来了光明。所以，今天的生活状态不是由今天所决定的，它是我们过去生活目标的结果；明天的生活状态不由未来所决定的，它将是我们今天生活目标的结果。

也许正是由于青少年的可爱、上进，包括这个年龄段的顽皮，才丰富了自己的人生和历史。所以，从日常做起，从周围的每一件小事做起，青少年无论是对自己还是对别人都不要吝啬每一个微笑、每一句赞美、每一次鼓励、每一份激情，树立人人可以成才的人才观，慢慢养成良好的习惯，能够根据自己喜好来确定最崇拜的人，明确让自己崇拜的原因，找出被崇拜人成功的原因，并且把自己的目标就定位在所崇拜人的位置，为此去追逐目标，具备成功的素质，再去做事。或许倾心的付出和执着的追求，并不一定能得到一个完美的结果，但是这种体验的本身就是创造完美宝贵财富的过程，即使是这样，我们仍然要执着地坚信：只要努力，我会成功！

美国心理学家韦恩·W. 戴埃有这样一段话：他们几乎热爱生活的每一天内容，并且从不抱怨生活，悲叹命运。如果需要改变现实，他们便积极努力，从中获得乐趣，他们是精神愉快、有所作为的人，在他们的性格词典里找不到忧虑这个词，他们希望与别人愉快生活，不寻求赞许。

名家名言

教育家魏书生也教育他的同事：“改变自我，天高地阔；埋怨环境，天昏地暗。”

环境对人的影响和暗示，其力量之大、之深刻，不容忽视。积极成功的良性循环与消极失败的恶性循环，区别在于环境，“孟母三迁”故事被传为千古佳话，“近朱者赤，近墨者黑”这一成语所蕴含的深刻意义，都无不说明环境对人成长的重要性。同时，我们更要注意自身千万不要在不知不觉中受到消极环境的感染和影响。要有意识地选择自己的环境，包括生活环境、学习环境和工作环境，主动向积极的地方靠拢，同时远离、拒绝消极。如果遇到无法选择的情况，就要用坚定的信念过滤身边的事物，抱定积极的心态。①多读立志书籍、名人传记及观看相关音像制品，使自己处身于所营造的自然环境和社会环境、情感环境之中，少读或不读消极情绪的东西，并时刻拒绝不良思想的侵入。②与积极向上的人多交往。与人接触是一个人成长过程中重要的一课。与之相交往，所言所想、所见所闻，都是积极乐观的，可以受到积极心态感染，使思想开朗豁达，不给消极心态以滋生的土壤，特别是与事业学业有成的人交往，观察他们、模仿他们，向他们请教，在潜移默化中就会像他们一样看待问题、思考问题，养成良好的思维习惯。③坚定信念，不要与消极心态者来往密切。用善意和热情对待每个人，但不要与消极的人来往密切，否则，消极会乘虚而入，一切的努力就会功亏一篑。

选择好你注意的焦点，即凡事都要积极思考，将注意的焦点完全集中在你想要的结果上，千万别把焦点放在你不想要的事情上。心理学上有一个“瓦伦达心态”。瓦伦达是美国一个著名的高空走钢索表演者，在一次重大的表演中，不幸失足身亡。原因在哪？不是他的技术有问题，而是他的心理有问题。他的妻子事后说，我知道这一次一定要出事，因为他上场前总是不停地说这次太重要了，绝不能失败；而以前表演，他只是想走钢索这件事，而不去管这件事可能带来的后果。后来，人们就把专心致志做事本身而不去管这件事的意义，不患得患失的心态，叫作“瓦伦达心态”。按照神经语言的“视窗”理论解释：你注意到什么，你就得到什么。注意积极的一面，得到积极的信息，形成积极的心态。为此，青少年需要锁定目标的焦点，坚定自己的信念，将假设目标实现后的成功感觉映在脑海里，并让自己跟着“感觉”走，全神贯注于自己的优势，发掘内在潜能，每一件小事都将变得有意义，工作生活就会因此而充满乐趣与活力，这样就使人可能采取最与众不同的、最简单直接的方式，甚至是直觉的方式达成目标。美国19世纪哲学家、诗人爱默生说：“一心向着自己目标前进的人，整个世界都给他让路。”

人们的意识会产生一种“心理导向效应”，即人的内心都会有一种强烈的接受外界暗示，通过语言、形象的传播媒介树立形象的欲望。因此，我们用语言在我们的心上写什么，我们就将是什么。青少年正处于心理成长期，有很强的可塑性，这需要家长、学校和青少年的共同努力。学校应该采用适当的方法和手段，潜移默化地影响青少年、鼓励青少年，心理按摩法就是很好的例证：让青少年为自己写座右铭，即写一句鼓励自己的誓言。我们常说“言必行”，意思是说话要算数，说过就要做到，这句话道出了更深一层意思，这就是语言有着非常明显的暗示和自我暗示作用。在进行誓言的设立时要注意用肯定的语气写清第一人称“我”的个人目标是什么。比如我一定要成为一个乐观向上的、勤奋刻苦、勇敢团结、温和友善的好孩子，一个在家庭、学校、社会上受人喜爱的好孩子，一个为社会做出贡献的好公民。我是最棒的！我一定要成功，等等。誓言在练习时可把它写在纸上放在桌脚、床前、镜子旁、文具盒里、衣兜里等处，每天早晚都要大声或静默自己的誓言，并且定期地与他人交流，分享自己的成功。经常用自我激励性的话提醒自己，久而久之，便会融于自己的身心，抑制消极心态，保持积极的心态，在心灵深处形成强大的内动力，从而解除心理包袱，采取有意义的行动，乐观面对每一天。总之，只要青少年拥有充足的成长资源，那么，他们一定会成长得很好、很快。

三、相信自己，我是最棒的

每个人出生在什么样的家庭，有多少财产，有什么样的父母，这不是自己能决定得了的，其实，这也并不重要，重要的是我们不能将希望寄托于他人。你的生活、你的未来只属于你自己，再好的家庭，再多的财产，再能干的父母，只能陪伴在你身边，却不能代替你走完人生的路。必要时给自己一个趔趄，只要不轻言放弃，做一个自信、自立、自强的青少年，就没有实现不了的愿望。自立、自信、自强，努力拼搏，是青少年成长过程中的主旋律。只有学会自立，增强自信，自强不息，才能做生活的强者。

1. 自立

所谓自立，就是指依靠自己的力量，在生活和事业上努力奋斗。一个人在社会中生活，不但在生活上要自立，在事业上也要自立。我们常说："自力更生"，就是要依靠自己的力量，改变原来的状况。一个人在整个成长过程中，需要各方面的帮助，但是，归根到底，只有依靠自己的力量，才能得到提高和发展。特别是在身处逆境的情况下，更要坚持"自立"的精神，别人的帮助只有在你自己努力的基础上才能起作用。

一个人在人生的道路上能走多远，在人生的阶梯上能爬多高，在人生的战场上能够取得多大成就，是多方面因素共同起作用的结果，但其中最关键的因素就是他的自信心。一个人不论将来从事什么职业，做何种伟大事业，要想取得成功，他首先必须得做人成功，必须成长为一个正常的具有善良品性、具有适应能力和自我发展完善的人，也就是说他必须是一个有尊严和有自信的人。哪怕他只是一个很普通很普通的打工者，也同样如此。

2. 自信

所谓自信，就是指相信自己的力量和能力，自信心就是确信自己所追求的目标是正确的，并坚信自己有力量和能力去实现所追求的目标。一个人自信心的建立不是天生的，更不会随心所得的，它是需要逐渐培养的。一个人的自信心与他的成功概率成正比，自信心越强，越能够不畏失败，不怕挫折，不懈进取。自信心越强，越能够产生强大的精神动力和无限的进取激情，排除一切障碍去实现自己的目标。

名家名言

萧伯纳曾说：“有自信心的人，可以化渺小为伟大，化平庸为神奇。”

曾经有哲人说过：“自信心是美好生活的源头。”青少年正处于成长的关键期，培养自信心尤其重要，其主要的表现和特征有以下几个方面：①当他人向他交代任务，布置工作时，总是用正面的、积极的、肯定的、向上的语言回应，并愉快地接受。如，对家长、老师交代任务时说“我有把握完成”“我能胜任”“我肯定能做好”“我一定能克服困难”等；②走路时，要挺胸抬头，眼睛注视前方；③与人交流时，第一反应是眼球向右向上；④有一颗平常之心，在遇到困难和挫折的时候，能够冷静地去面对，积极寻找各种解决的办法，而不是表现出一副垂头丧气、心灰意冷的样子；⑤有明确的学习和成长目标（成长目标包括生理、心理、人际交往、社会适应等方面）。

一天，一个印第安小孩捡到一枚鹰蛋，把它放在松鸡窝里，后来小鹰和其他小鸡一起被孵了出来，并一同茁壮成长，整日都在土里刨食吃。有一次，小鹰看见一只大鸟在天空中自由地飞翔，那双金黄色的翅膀只要轻轻地一动便能穿入云霄。这让小鹰感到羡慕不已，它向松鸡打听之后，才知道原来那是一只鹰。它也想像鹰那样到高空中去翱翔，但却只能拍打几下翅膀，抖抖羽毛，怎么也飞不起来。从那以后，它再也不想锻炼高飞了，直到慢慢地老死。既然是鹰，本来可以到空中飞翔，可小鹰为何飞不起来呢？究其原因，这主要是缺乏自信心和艰苦的磨炼。人们把这种本来有好的素质，却由于不利环境的影响，而造成缺乏自信心和锻炼，最终惨败的现象称为“鸡孵效应”。

对此，成功学理论指出：“自信是成功最重要的前提和条件，是前进的动力，是成功的发动机。”无数事实也证明：成功者都是自信者，越是成功的人，自信心越强。对青少年来说，你要想成为将来的成功者，现在就必须做一个自信者。伟大的发明家爱迪生曾说过“自信是成功的第一秘诀”，居里夫人说“我们要有恒心，尤其要有自信心”，就是要有成功的信念。

3. 信念

信念到底是什么呢？在日常生活里我们常常脱口便能说出一连串的话，其中到底有没有什么意义却并不十分清楚，就像“信念”这个字眼大家都常用，可是不一定人人都知道它的真正含义。信念，就是人们对于某件事有把握的一种感觉，譬如说，当你相信自己很聪明的时候，那么，你说起话来的口气便十分有力量：“我认为我很聪明。”当你对自己的聪明很有把握时，就能充分发挥脑力，作出好的成绩来。对于任何事，每个人都有自己的主见，即使不然也能从别人那里问得答案；然而自己若是个优柔寡断的人，亦即没有坚定信念或对自己实在没有把握，那么就很难充分发挥自己本身所拥有的各样能力。要想了解信念其实并不难，不妨从信念的最初形式——念头——来谈起。

在日常生活中，每个人的头脑中都会产生许许多多的念头，不过可不都是深信不疑，青少年可以拿你自己为例来作个解说。当你认为自己长得挺吸引人的时候，你说：“我很吸引人。”这可能只是个突发的念头而已，若要成为一个信念还得根据你相信这句话的程度而定。如果你说：“我并不怎么吸引人。”这话意思就有如：“我没多大信心自认为长得吸引人。”然而你要怎样才能把念头转化为信念呢？在这里，我们可以打个比方，假设你把念头想象成一个没有桌腿的桌面，当一个桌子没有了桌腿就不足以称为桌子，同样地，信念若没有支撑就不足以称为信念，而只能算得上是一个念头而已。

如果你自认为长得吸引人，请问你何以敢如此有自信？难道你是有什么样的“依据”支持你这么说吗？若是有，这就构成你信念的支撑，使你有把握敢这么说。你到底是有什么样的依据来说明这一切呢？是有人告诉你很吸引人吗？是你从镜子中所见并跟周围那些也具有吸引力的人比较过？还是走在街上不时有人向你投以羡慕的一瞥？不管你有多少这类的依据，除非你把它们归之于“你有吸引力”这个念头的名下，那才足以构成这个信念的支撑桌腿。一旦你明白了我们所打的这个比方的真正所指，不妨检视一下自己的信念是如何形成的，同时也想想如何可以改变自己不喜欢的信念。

从上面所说的可以知道，只要有了足够的支撑——足够的依据或参考——差不多没有什么是不能建立成信念的。讲到这里，大家静下来仔细想一想，你相信人性本恶，当与人打交道时常常担心会吃别人的亏，还是相信人性本善，只要对人好别人也会同样地对你好？答案是——不管哪个是对，哪个是错，重要的是哪个能帮助你过得更快乐。也许周围的人可以帮你提供答案，让你对自己的看法更加自信，但这些是否能使你日常的生活过得更积极呢？当然，个人的经验是最有用的，然而这些个人经验又是从何而来的呢？是看书、听录音带、看电影、听别人说的还是纯粹来自于自己的想象？这些再来的依据必然会激起我们的情绪反应，其程度的强烈自然会影响到支撑我们信念的强度。个人的痛苦或快乐经验会带来情绪上很大的反应，反应越强，其提供信念的支撑越坚固；另外，个人类似经验的多寡也深深影响信念的强弱，不用说支持一个信念的依据越多，所形成的信念就越强固。这些构成你信念的依据需要精确到什么样的程度才能为你所用呢？

其实，不管它是真实的还是虚拟的、是坚定的还是摇晃的，这没什么关系因为经过个人的认知，就算是再强固的个人经验也必然会被扭曲的。由于人类具有这种无中生有的扭曲本领，因而寻找构成信念的依据可以说是没有穷尽的。我们不要管这些依据的出处，不要管它是真的还是假的，只要把它当成真的去接受就能发挥效果。当然，若是我们的信念是消极的，哪怕是再假的依据，也会造成极大的负面影响。既然我们有能力运用想象的依据，来推动自己向前追逐美梦，那么只要想象得越活灵活现，好像它就是真的一样，就能使我们越容易成功。何以会有这种现象呢？那是因为我们的脑子根本分辨不出何为真实，何为生动的想象，只要我们相信的程度越强烈，并且反复地练习，我们的神经系统便会把它当成真的，即使它是百分之百想象出来的。很多有杰出成就的人都有这种能力，他们能无中生有，得出可用的依据，因而有充分的把握，做出别人认为不可能的事来。

那么怎么才能让自己拥有足够的信念呢？主要从以下几个方面着手。

（1）要知道人的潜能是无限的

不管一个人认定自己“如何的不行”“如何的没有能力”“如何的笨”……他的潜能都是无限的，只是没有挖掘出来，发挥出来而已。科学研究显示，人脑的能力，尚有九成以上未被用到。这就是杰出的人还可以更杰出很多倍。意识的能力有限，而潜意识的能力则是惊人的庞大——就看我们懂不懂得去把它挖掘出来，发挥出来。

（2）要相信自己有足够的力量和能力处理面临的问题

在这里有必要给大家讲一下脑的运作原理：每个人的大脑都有约1000亿个神经元，不同的人相差不会超过1%～2%，所以一个人的聪明程度不是由神经元数目决定的，而是由神经元之间的连接网络决定的。

一个人在出生之前，脑中的1000亿个神经元已经几乎全部准备好，而神经元之间的连接网络则是十分稀疏的。因为婴儿未能有意识地进行思考，他只会凭外界的刺激而制造连接网络。

任何声音、景物、身体活动，只要是第一次，都会使脑里某些神经元的树突和轴突生长，与其他神经元连接，构成新的网络。同样的刺激第二次出现时，会使第一次建立的网络再次活跃。就是说，新网络只能在有新刺激的情况下产生。一个人一生中，不断有新的网络产生出来，同时有旧的网络萎缩、消失。一个旧的网络，对同样的刺激会特别敏感，每次都会比前一次启动得更快、更有力。多次之后，这个网络便会深刻到成为习惯或本能了。

所以，如果同学们能每天在一个适当的时候，比如早晨起床后，对着镜子大声说或在心里默说“我是最棒的”“我行”“我一定行”“我肯定行”……一段时间后，你就会发现自己对任何事情都充满自信，感到自己已经具备所需的力量和能力，过去畏难的问题现在已经不在话下，即使碰到自己一时没有把握的事情，经过思考和努力也能做好。

（3）要有具体的目标

通过思考，参照自己的经历，你应该开始意识到，无论你对学习、生活中的某些领域多么有信心，也可能对其他的领域缺乏信心，比如：我常听到一些青少年说，我能学好数学，就是学不好英语。怎么办？在此，同学们要有一个信念：我既然能够学好数学，也一定能够学好英语。要知道，随着交通和信息的高速发展，我们生活的世界已经大大缩小成为一个地球村了，随时随地都可能要和不同肤色不同国籍的人打交道，英语作为世界通行语言，是我们走向世界的桥梁，可见学好英语多么重要。有了这样的认识，我相信同学们学好英语的动机会大大加强。

（4）要把握当下

有人做了一个形象的比喻：把过去比作一张过期的存折，把将来比作一张不确定的期贷单，只有当下才是实实在在的现金。事实确是如此。如果一个人对过去的失败和错误耿耿于怀，那他就会处于自责、懊悔和烦恼的状态中；如果一个人成天幻想将来如何如何，那就会处于紧张、焦虑的状态中。这两种情况都只会给自己的人生带来烦恼，耽误当下要做的事，使自己处于抑郁或焦虑的负性情绪之中不能自拔。因此，只有把握当下才是最实在的、最现实的，是能够给自己人生带来快乐成功的。所以，把握了当下，就是把握了将来，把握了一切。

（5）要保持乐观的心态

现代心理学认为，乐观是一种解释风格或归因风格。也就是说，把积极的事件归因于自身的、持久性的和普遍性的原因，而把消极事件归因于外部的、暂时性的及与情境有关的原因。

在生活中我们可以发现，乐观者把日常生活中的积极事件归因于自己。而且，他们认为，这些因素日后会持续存在，对他们以后能成功应对生活中所遇到的各种情境起促进作用。因此，这种乐观的解释风格能够让他们积极地看待过去，吸收过去、现在和未来生活中美好的一面。例如，当乐观的青少年从老师那里得到表扬时，他会将老师的表扬归因于自己的良好品质，会对自己充满信心，认为自己能坚持不懈地努力学习，而且不仅在这位老师的功课上，而且在其他老师的功课上也同样能取得好成绩。

同理，在经历消极事件或者面对令人不快的情形时，乐观的人会将这归因于外部的、暂时性的和与情境有关的因素。因此，他们会对未来继续保持乐观且自信的态度。例如，一个乐观的青少年因迟到受到老师的批评，他很可能会对这一事情做出合理化的解释，比如说自己的身体状态不佳，或者归咎于路上堵车，或者说老师没有问明情况就批评他只是当时情绪不好，自己迟到并不是有意的，而且下次也不会出现类似的情况，等等。

与这种乐观归因方式相反，悲观主义者不会把生活中所发生的积极事件归因于自己。假如一个悲观者考试得了一个好分数，他很可能会这归因于外部因素，可能是好运气、自己正好复习到了考试的题目、别人考试失误等。另外，悲观主义者倾向于把这归因于暂时性的，或者是与当时的情境有关的因素，因此，他们认为这种好事今后可能不会再降临在自己身上。

此外，悲观者会因为学习中不顺心的事情而责备自己。他们总认为，不幸的境遇和消极的事情都是由自身的原因造成的。他们认为，这种糟糕的事情今后还会发生，它们不仅会在类似的情形下，而且会在生活学习的各个方面，影响他们的快乐成功。

温馨提示

你是乐观者还是悲观者呢？如果你是一个悲观者，那就赶快行动起来，调整这种影响你人生快乐成功的人格特质，做一个乐观者，让快乐成功时时伴随你的左右。

4. 自信≠自负≠自大

（1）自信不等于自负

自负是自卑的另一种表现形式，就像一个硬币的两面，只是表现形式不同，而实质内容是一样的。一个自负的人正是因为内心感到不如别人，对自己没有信心，为了掩饰自己的这种自卑，于是就事事争强，注重面子，故意做炫耀自己的事，与权威人物作对，或者违反规定，坚持己见，任性妄为等，其实这只是自欺欺人而已。

（2）自信不等于自大

自大只是无知的化身。在日常生活和学习中，青少年们可能观察到：越是那些知识丰富的人越谦虚，而那些一知半解或一无所知的人往往自以为是，夸夸其谈。但到了真场合，他们就想方设法推诿退缩。

第二章

认识这个世界最伟大的人
——做个有梦想的青少年

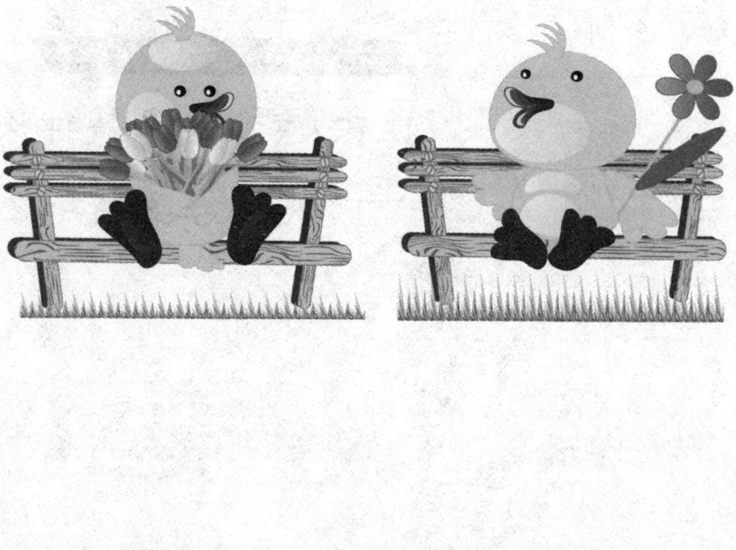

一、以最成功人士为榜样

名家名言

巴菲特曾经说过这样的话："告诉我你的偶像是谁，我就会知道你将有什么成就。"

拿破仑说过："不想当将军的士兵，不是好士兵。"

只有向最高的目标前进，以最成功的人作为榜样，才能取得意想不到的成绩。一个人心中没有目标是不可能成功的，你的心有多大，你的世界就有多大。若是一个人，每天都在低目标的世界里生活，他的生活也未必会有多少突破。

曾经有一个农村孩子，为了改变自己的命运，立志要考上北京大学。别人问他，为什么要考北大？他说，北大是中国最好的学校，只有考上最好的学校，才能更好地改变自己的命运。作为一个农村出身的孩子来说，父母和自己都没有多少钱，也没有到过北京，只有通过努力学习来实现这个目标。经过几年的刻苦学习，他终于如愿考上了北大。

倘若，当初这个孩子只是想，只要有个学上就可以了，那么他可能就不会付出这么多的努力。如果说，以最好的作为目标，那么自己所需做的便是付出更多的努力。

正是因为拥有一个新的观念，并由此产生一个新的决定，同样，也就会产生新的结果。著名演讲家凯恩在22岁的一次演说课程中，被问道："你既然这么有进取心，为什么不是世界第一名呢?"这个问题虽然当时让他觉得很窘，但却开启了他渴望世界第一名的动机。

从那天起，凯恩只看和世界第一名有关的书，只上世界第一名所讲的课。他说："我连世界第一名的书都看不完，哪有时间去看别的书呢?"对他而言，第一名代表犯最少的错、做最多正确的事、创造最高的价值。如果一个人连续5年都看世界第一名的书，和连续5年只看杂书，你可以想象这5年会产生多大的差距吗？收获至少会差10倍。谁应该为你少了9倍的收获负责呢？是你自己！

"只有世界第一名，才能教你成为世界第一名。"

"这个世界，充满了太多的传奇，各行各业都有传奇。凯恩，要如何成为传奇中的传奇呢?"他在笔记本上写着。当时凯恩26岁，他便树立了一个"二十七而亿"的目标，就是要在27岁时成为亿万富翁。他要让自己从一个患忧郁症的少年，转变为一个传奇人物，并且从那一刻起，忧郁变成他生命中最奢侈的东西，几乎消失得无影无踪了。

他不仅阅读，而且参加世界第一的教育训练课程。他认为平常要静下来进行自我分析很不容易，而每一次上课，就是一个重新调整自我的机会，能激起内心对成功的渴望，并更有冲动去付诸实施。这就像开车回家一个道理，每绕一个弯就更接近家，每上一次课就更接近成功。如果不上课，则信念永远无法扩大，不知道又怎么可能做得到？古罗马皇帝奥雷斯曾经说过："所谓人生，不过是自己思想的产物。"教育改变思想，也就是改变人生。

凯恩认为，这个世界上充满了资源，世界第一名拥有的资源特别丰富。通过向世界第一学习，就能实现最不可思议的梦想。就像要在脑袋里输入最顶尖的指令，才能成就最顶尖的结果。

凯恩从安东尼·罗宾身上学到了那种随时随地、每分每秒都保持巅峰的状态。因为安东尼·罗宾说："如果人们每天的能量没有流失，可以做出更多伟大的事，但大部分的人都把能量浪费在忧虑、烦恼、焦虑，重要的事反而无法完成。"

从马修·史维身上，凯恩学到潜意识的力量比意识的力量大了数百万倍，他学会如何自我暗示及暗示他人，让自己更有信心，克服恐惧，因为“有自信和没自信的人生，差别非常大”。

从人际关系专家哈维麦凯身上，凯恩学会“我跟任何人的距离，都只有6个电话的距离”。只要通过朋友的朋友的朋友的朋友的朋友，我就能认识克林顿或者是成龙，认识全世界每个我想认识的人。

从亚布罕身上，凯恩学会“不花一毛钱，你也可以成为亿万富翁”，“最简单的策略，最不可思议的收益”。他向全世界大卖1亿本《心灵鸡汤》的作者马克·汉森学习“设立不可思议的目标，才能创造不可思议的结果”。

从首创PEP时间效率规划的凯利·葛里森身上，凯恩学会“时间没办法管理，目标才能管理，你必须为你的目标设立优先级”。

从吉姆罗恩身上，凯恩学会“不要小看坐在台下听你演讲的人，因为你永远不知道，到底是谁在台下听你演讲”。罗伯特·T. 清崎让他知道“销售就等于收入，永远都必须要成交，因为成交才是最重要的”。而说到销售，就不能错过“全世界最伟大的推销员”乔吉拉德，这位创下了一项至今无人能破的世界纪录——连续14年每天销售6辆汽车，让凯恩在销售方面获益颇多；世界第一的房地产销售冠军汤姆·霍普金斯，也让凯恩学会“如何在任何时间任何地点销售任何产品给任何人”。

向世界第一学习，这样不但能够大幅缩短学习时间，而且工作更有效率。而凯恩也从学习中归纳出一个心得：全世界最成功的人都会做两件事，第一件事是建立系统，让别人来为他工作；第二件事就是寻找顶尖的人才，建立更好的系统。不管是麦当劳、星巴克、可口可乐、IBM、联邦快递，还是所有成功的企业老板，都在做着这两件事。这也是凯恩在离开成智集团后，决定要自己开设公司的原因。目前他在台北、新加坡、成都、北京均有自己的公司、自己的系统，在培育顶尖的人才。

世界上的成功不全是偶然的。记得有人说过一句话，首先你要有能力，再者你要有机遇。若是机遇不到，光有能力，就没有机会施展。若是机遇来了，自己没有能力，注定做不成事情。那么我们该怎么样提高能力，就是要不断向最优秀的人看。

★★我们再来看看，世界第一名还有哪些呢?

- 世界顶尖的潜能激发大师安东尼·罗宾。
- 世界顶尖的催眠大师马修·史维。
- 世界第一人际关系专家哈维麦凯。
- 世界第一营销大师杰亚布拉罕。
- 世界谈判大师罗杰·道森。
- 世界第一汽车销售纪录保持人乔吉拉德。
- 世界第一房地产销售纪录保持人汤姆·霍普金斯。
- 世界第一投资之神沃伦·巴菲特。
- 世界第一日本经营之神松下幸之助。
- 世界第一管理学大师彼得杜拉克。
- 世界第一策略大师麦可波特。
- 美国总统林肯、里根、克林顿等。
- 世界第一房地产大亨唐纳·川普。
- 世界第一计算机“戴尔计算机”负责人麦可·戴尔。
- 世界最富有的人比尔·盖茨、山姆威顿、洛克菲勒、安德鲁·卡内基、欧纳西斯、保罗盖帝。
- 世界第一零售企业公司沃尔玛百货。
- 世界第一 CEO 杰克·威尔逊。
- 世界第一畅销书《富爸爸·穷爸爸》作者罗伯特·T. 清崎。
- 世界第一畅销书纪录保持人、《心灵鸡汤》作者杰克·坎菲尔和马克·汉森。
- EQ 创始人丹尼尔·高曼。
- 世界第一的畅销小说《哈利·波特》作者。
- 世界第一的篮球选手迈克尔·乔丹。
- 世界第一的网球选手桑普拉斯。
- 世界第一的赛车手舒马赫。
- 世界第一的高尔夫选手老虎伍兹。
- 世界第一快餐连锁店麦当劳。

- 世界第一连锁咖啡馆星巴克。
- 世界第一导演斯皮尔伯格。
- 世界第一创电影史卖座纪录《泰坦尼克号》导演詹姆斯·卡梅隆。
- 世界第一饮料品牌可口可乐。
- 世界一流服饰品牌爱玛仕、LV。
- 世界第一名笔万宝龙。
- 世界第一名表百达翡丽。
- 世界第一的皮鞋铁狮东尼……

他们成功的过程，你都了解了吗？如果你都了解了，对你的人生将会有多大的激励并使之改变呢？

二、成功可以复制

向成功的人士学习，不是一句空泛的套话，而是需要我们认真学习的。

1. 复制优秀同学的好习惯

大家可能觉得学习成功的人士的优点太过于笼统。下面，举个最简单的例子来说明。你是否发现到身边学习最优秀的同学的优点？一位从业多年的老师对其所带的学生的教学生涯做了一下总结，得出的规律是基本上最优秀的同学都具有如下好的习惯。

（1）提前预习

预习能够让青少年复习以前的知识，发现新问题，思考怎样解决问题，能把自己理解不了的问题带到课堂上更好地听老师讲解。这样既能培养孩子的自学能力，又能提高孩子听讲的兴趣和效果。

（2）记笔记并事后整理

随着中学课程内容的增多和复杂化，记笔记有助于抓住重点。如果因时间限制，当堂记的东西较零乱，那么课后还要进行整理，使之全面、有条理。整理的过程是一个很有效的过程，而且还能锻炼自己分析、归纳的能力，一举多得。

（3）课后复习

复习的目的是“温故而知新”。复习要与遗忘作斗争，德国心理学家艾宾浩斯创制的“遗忘速度曲线”表明遗忘是有规律的，即先快后慢，刚记住的东西最初几小时内遗忘速度最快，两天后就较缓慢。因此，要巩固所学知识，必须及时复习，加以强化，并养成习惯。

（4）独立解决问题的习惯

孩子学习上有困难请求家长帮助时，家长不能置之不理或敷衍了事，应用热情的语言鼓励孩子自己“试一试”。孩子实在无法独立解决时，也不能包办代替，而要一步一步地耐心启发，使他能在你机智而不露痕迹的引导下，觉得是靠他自己的力量完成的，让他尝到胜利的甘甜，对自己增加信心，勇敢地迎接下一个问题的挑战。

（5）及时改错

让孩子准备一支红笔。随时改正自己练习本、试卷上面的错误，以鲜艳的红色加深错误在脑海中的印象，然后用一个本子，将这些错误收集起来，用“错别字举例”“错题汇编”等形式分类记载，以警示自己，避免出现类似错误。

（6）认真书写

相当一部分孩子和家长不重视书写，认为它只是形式，对学习没有多大影响，这种认识是错误的。书写的好坏直接影响到人们对书写者学习态度、学习质量甚至个人的素质的评价，卷面就是青少年呈现在老师面前的面孔，老师就常常自觉不自觉地据此来打“印象分”。从另一个方面看，一个能够认真对待书写的孩子，往往也能认真对待学习及其他许多事情。相反，一个连字都不愿好好写的孩子，很难做好别的事情。因此，重视并及早提出对孩子书写方面的要求，不仅能提高书写质量，得到众多良好评价，而且还能促使其养成凡事认真仔细的好习惯，提高孩子的整体素质。

（7）认真观察、思索

进入中学后，每门学科都要求青少年具备观察力。语文的写作训练就不用说了；数学的能力培养要以青少年对自然界数量关系与图形关系的观察为基础；物理的实验和化学的演示都离不开精确的观察；生物则要求青少年对生命现象和动植物进行持久的观察。这些观察要求青少年不仅能感知事物的外部特征，还要能抓住事物的本质特征。光看不想难以得出结论，因此，还需要养成边观察边思索的习惯，勤于观察的同时还要勤于思考。家长要引导孩子从身边的生活小事开始观察，经常向孩子提出问题并与之讨论，促使他去观察思索，并能自己发现问题，提出问题，解决问题。

（8）积极阅读、写作

阅读是孩子获取知识的主渠道，应鼓励孩子在反复阅读课本内容的基础上，广泛吸收课外的知识和信息，养成积极阅读的习惯。家长要为他们的阅读创造物质条件，积极购买有关书籍和订报纸杂志。读和写是互相促进的，写作过程不仅是运用语言文字技巧的训练，也是一种严格的观察、思维和想象等认识能力的训练。在养成观察、思索、阅读习惯的同时，要养成勤于写作的习惯。家长可要求孩子勤写读书笔记、读后感、观后感和日记。

（9）有条理

学习用具的收拾要有规律，书本存放在书包或书桌上要有一定的次序，做各科作业要预先安排好时间等。东西存放无规律，要用时东寻西找，心烦意乱，极易影响学习情绪；做作业不讲条理，东一榔头西一棒子，学习效率就低。

2. 成功来源于真正的好习惯

如果上面的那些你都做到了，你的学习成绩是否有了不一样的改观呢？

美国历史上著名的本杰明·富兰克林，是18世纪美国的实业家、科学家、社会活动家、思想家、文学家和外交家，他也是美国历史上第一位享有国际声誉的科学家和发明家。为了对电进行探索，他曾经做过著名的“风筝实验”，在电学上成就显著；为了深入探讨电运动的规律，创造了许多专用名词如正电、负电、导电体、电池、充电、放电等成为世界通用的词汇。他借用了数学上正负的概念，第一个科学地用正电、负电概念表示电荷性质，并提出了电荷不能创生，也不能消灭的思想，后人在此基础上发现了电荷守恒定律。他最先提出了避雷针的设想，由此而制造的避雷针，避免了雷击灾难，破除了迷信。

他是一位优秀的政治家，是美国独立战争的老战士。他参加起草了《独立宣言》和美国宪法，积极主张废除奴隶制度，深受美国人民的崇敬。他是美国第一位驻外大使（法国），所以在世界上也享有较高的声誉。1753年，富兰克林获得了哈佛和耶鲁大学的名誉学位。1756 年，本杰明·富兰克林获得威廉玛丽学院的荣誉学位。

他对科学的贡献不仅仅限于静电学方面，他研究范围极广。在数学上，他创造了 8 次幻方和 16 次幻方，这两个幻方性质特殊，变化复杂，至今仍为学者称道。热学方面，他改良了取暖的炉子，能够节省 3/4 的燃料。光学方面，他发明了老年人用的双焦距眼镜，既能看清楚近处又能看清楚远处。他发明了摇椅、避雷针，改进了路灯，发现了墨西哥湾的海流，制定了新闻传播法，最先绘制暴风雨推移图，发现人们呼出气体的有害性，最先解释清楚北极光，被称为近代牙科医术之父，最先组织了消防厅，创立了近代的邮信制度，创立了议员的近代选举法，发现了感冒的原因，发明了颗粒肥料，设计出夏天穿的白色亚麻服装，设计了最早的游泳眼镜和蛙蹼。此外，他对气象、地质、声学及海洋航行等方面都有研究，并取得了不少成就。

他从小就培养了阅读的兴趣，是个“会读书”的人，一方面体现在他经常模仿作者的写作风格，“我取出其中的几篇，把每句的大意摘要录出，放置几天以后，再试着不看原书，用自己想到的某些合适的字，就记下的摘要加以引申复述，要表现得跟原来的一样的完整，把原篇重新构建完成。然后我把我写的《旁观者》拿来与原来的比较一下，发现我的一些错误并加以改正。”无疑，这给富兰克林以后起草各种法律文件乃至《独立宣言》打下了良好的基础。

那么，看到这位美国历史上的名人有数不清的名号，我们会作何感想呢？我们且不必因为其光鲜的成绩迷惑，因为各种称号只是给了我们认识他的标签而已。那么就看看富兰克林是怎么做的吧。

为了完善人们的自身品德修养，富兰克林提出了 13 种大家应该遵守的德行，它们分别如下。

- 节制。食不过饱，饮酒不醉。
- 寡言。言则于人于己有益，不作无益闲聊。
- 秩序。各样东西放在一定地方，各项日常事务应有一定的处理时间。
- 决断。事情当做必做，既做则坚持到底。

- 俭朴。花钱须于人于己有益，即不浪费。
- 勤劳。不浪费时间，每时每刻做有用之事，戒除一切不必要的行动。
- 诚恳。不欺骗人；思想纯洁公正，说话也应诚实。
- 正直。不做不利他人之事，不忘记履行对人有益的义务。
- 中庸。勿走极端；受到应有的处罚，应当加以容忍。
- 清洁。身体、衣服和住所应力求清洁。
- 宁静。勿因琐事或普通而不可避免的事件而烦恼。
- 贞洁：保持贞操和圣洁。
- 谦虚。效法耶稣和苏格拉底。

为此，他还专门制作了一本小册子，每一页都写上一种美德的名称。每一页上都用红墨水画成了 7 直行，其中一星期的每一天占一行，每一行的上端注明都代表了星期几的一个字母。再用红线将直行画成 13 条横格，在每一条横格的左首注明代表每一种美德的第一个字母。每天他检查出自己在哪一方面有过失，便在那一天该项德行的横格内打上一个小黑点。富兰克林决定每一个星期对于某一种德行给予特别密切的注意，预防有关方面的极其微小的过失。这样，“在几个循环之后，在 13 个星期的逐日检查后，我会愉快地看到一本干净的册子了”。

富兰克林很满意自己的这种修身养性的办法。即使当他到了 79 岁回忆此事的时候，仍然坚持写道：“我的后代应当知道他们的祖先一生中持久不变的幸运，直到他 79 岁写本文时为止，全靠这一小小的方法和上帝的祝福。……他长期的健康和他那至今仍强健结实的体格归功于节制；他早年境遇之安适和他之获得财产及一切使他成为有用的公民并使他在学术界得到一定声誉的知识，应当归功于勤劳和俭朴；他的和气和他谈话时对他的信任和国家授予他的光荣职位应归功于诚恳和正直；愉快率直应归功于这些品德的综合影响，尽管他未能达到尽善尽美的境地。由于他谈话时的愉快率直，使他直到晚年还颇受人们的欢迎，包括年轻人也喜欢同他交往。因此，我希望我的子孙中有人会步我的后尘，取得有益的效果。”

这就是一个实际在做的富兰克林，那么他的成功我们是否可以去做呢？他的成功，就看我们在生活中怎么坚持。

三、优秀人士的成功法则

1. 杰出人物所具有的特点

美国加利福尼亚大学副教授查尔斯·卡费尔德曾经对1500名取得杰出成就的人物进行了调查和研究。最后经过总结，他发现，这些人具有某些共同的特点，但这些特点并不是他们天生具有的，其实谁都可以学到，这些特点主要有以下几点。①选择自己喜欢的职业。这位教授的调查表明，工作上取得优秀成绩的人，所从事的大都是自己所喜欢的职业。干自己喜爱的工作，即使薪金不高，但能得到一种内在的满足，生活上会更愉快，事业上也会更成功。当然最终他们常常是名利双收。②不求尽善尽美，有成果即可。许多雄心勃勃、勤奋工作的人都力求使自己的工作尽善尽美，结果工作数量少得可怜。卡费尔德说："工作成绩优秀者不把自己的过失看成失败，相反，他们从错误中总结教训，于是下一次就能干得更好。"③不低估自己的潜力。大多数人认为自己知道自己能力的限度，然而，我们所"知道"的大部分东西，其实并不是完全知道的，而只是感到而已。由于人们很少真正认识到自己的能力限度究竟在哪里，以致许多人老是把自己的个人能力估计得低于实际水平。卡费尔德指出："对自己起限制作用的感觉是做出高水平工作的最大障碍。"④与自己而不是与他人竞争。成就卓著的人更注重的是如何提高自己的能力，而不是考虑怎样击败竞争者。事实上，对竞争者能力的担心，往往导致自己击败自己。⑤兼顾生活。人们通常认为，工作上成就优秀肯定都是工作狂。其实不然，许多工作成绩优秀的人虽然乐于辛勤地工作，但他们也知道掌握限度。对他们来说，工作并不是一切。他们懂得如何使自己得到休息，如何安排家庭生活，抽出适当的时间与家人共享乐趣以及珍重与亲朋的关系等。

2. 优秀青少年所应具备的策略

优秀青少年在学习、记忆和利用信息方面有一定的策略。这些策略可能来自教师、同伴、家庭、社会，也有自己在学习实践中不自觉形成的。优秀的青少年基本都有适合自己的记忆策略，他们经常用分组记忆、联想记忆、口诀记忆、关键词记忆等。同时在学习的过程中能自觉地评价自己的记忆或者学习策略，一旦发现某种策略对某科目的学习能带来很大的帮助时就会自动地迁移这种策略，在其他学科上推广。善于学习的青少年能经常地问自己目前这种学习的策略对我有多大效果，怎样才能使之更加的完善。

许多研究表明成就动机与认为通过学习能够提高自己的智力有关。持有这种观点的青少年就能通过努力学习来增长自己的智力。相反有些青少年认为人的智力水平是天生的，不能通过学习使自己的智力提高，这些青少年倾向于消极地评价自己的能力和表现。将自己不够聪明认为是不成功的借口。这些青少年避免消极的反馈，因此经常表现为躲避挑战，失败往往使他们不堪一击，他们经常认为我不够聪明什么也做不好。相反如果认为通过自己学习能提高智力的青少年恰恰是经常认为“犯错误是学习的一部分，经过努力学习一定够改正错误”。他们在学习上更愿意接受挑战，在失败之后能更加努力。

优秀的青少年一般都具有高的成就动机，他们相信自己的人生会有高的成就，并能竭尽全力去实现。当然这种高的成就动机或者说理想是符合实际的。研究表明：高的成就动机对青少年的生活确实有积极影响。当这些青少年在学习上没有得到回报的时候，他们还是坚持不断地学习，认为通过自己长时间的努力一定会取得成功。

优秀的青少年把任务看作一个整体，会坚持不懈地努力完成而不是半途而废。他们不会因为困难而放弃，相反会找到各种有利于自己的条件而不断地前进。同时能够知道什么是干扰自己的因素并能自觉地控制自己和减少外界的干扰。

优秀的青少年无论成功或失败都能对自己负责。坦诚面对失败，能进行自我批评，同时也为自己的优良表现而自豪。相反有些青少年往往对失败找外部的原因。例如教师不好、自己生病，或者班级学习气氛不浓等。

四、记得每天自我激励

有一个美国女孩，她的一双眼睛曾经遇到意外，受了重伤，导致她只能从左眼角的小缝隙里去看到外面世界的精彩。小时候，她喜欢和附近的孩子玩跳房子的游戏，但是她却因为看不见记号，只有把自己游玩过的每一个角落都记清楚。面对自己的残缺，她从来没有悲观失望过，而是更加地坚定信念，凭借着一股韧劲，最终获得了明尼苏达大学的文学学士及哥伦比亚大学的文学硕士学位。她曾经在明尼苏达州的一个乡村里教过书，后来又成为奥加斯达·卡雷基的新闻学和文学教授。除了教书，她还在妇女俱乐部做关于各种书籍的演讲，并客串电台谈话节目。她的人生并没有因为双目的缺陷而受到任何影响，相反，她比正常人活得更有价值和意义。更值得一提的是，她的自传体小说《我想看》在美国轰动一时，成为畅销名著，激励了无数人的斗志。她就是过了50年如同盲人的日子的波基尔多·连尔教授。连尔这样说道："其实在我的心里，时时刻刻都潜伏着对于变成全盲的恐惧，但我以一种乐于面对的高度去看待我的人生，不断激励着自己。"终于，在她52岁那一年，经过现代发达医术的治疗，她获得了高于以前40倍的视力，看到了个更为绚烂的世界。

名家名言

法国作家巴尔扎克说过："挫折就像一块铁，让你却步不前；而对强者来说，却是垫脚石，使你站得更高。"

很多人都认为，成功的出现依赖于某种天分或某种优越的条件，但我们在波基尔多·连尔的身上，看到的却是另一个方面，成功来自乐观力量带来的震撼。同样的遭遇如果放在一个悲剧的人身上，他一定会觉得这是老天爷的不公平，这样的人生没有丝毫的意义，然后在日复一日的消磨中垮掉。所以说，乐观的高度决定了人生的高度，这是一句放之四海而皆准的话。成功者不一定具有太大的优势，之所以成功，是因为他们总是以积极的信念支配和控制自己的人生，而失败者则恰恰相反，他们的心境总是早早地俯首于来自苦难的压力。

生活中免不了挫折，总伴有各式各样的矛盾，但乐观者在逆境中往往能获得比顺境更为伟大的成功。穷人要想翻身，就不能整日地活在苦闷中，只有乐观对待暂时的不得志，才会给自己一分成功的希望。希望是什么？希望

是引爆生命力的导火线，是激发生命激情的催化剂。困难其实并不可怕，可怕的是没有面对困难的勇气。在困难面前临阵退缩，就注定了只能充当一个胆小鬼的角色。自己都不认为自己能够克服，又如何让别人信服呢？只要你乐观看待逆境，你就能站在巨人的肩膀上，看得更高更远。

1. 自我激励

每天早上起床之后的第一件事，就是对自己说："我要振奋起来！""我要把我所有的一切都放在今天的学习和锻炼身体中去。"每当懒惰的心态占据你的心，你就要想起你的最终目标，你的心中的大学，你就会燃起熊熊斗志。晚上总结一下，今天自己的学习斗志是不是减弱了，明天应该怎么做。

天天激励自己，时时激励自己，随着你越来越强的斗志的积累，渴望成功的念头更加深入你的心里。激励、激励、再激励，经过几个月或者半年之后，由于你不断激励自己，每当想到一定会达到目标，你就会兴奋不已，渴望成功的欲望会使你充满力量。

所谓自我激励，就是通过激发人的行为动机的心理，使人处于一种兴奋状态。这种状态不仅能够使我们充满激情地面对工作、迎接挑战，而且可以让我们在平凡的工作中做出不平凡的业绩来，因为成功总是属于不懈努力和不断的自我激励的人。

激励现在可以说是很多经理人经常采取的管理措施。按照马斯洛的关于人类需要的五个层次，最高的层次就是自我实现，自我实现是个人价值发挥的最高境界。作为职业经理人，在激励我们所率领的团队成员的同时，我们经常做到自我激励了吗？我们养成了自我激励、阳光每一天的职业习惯了吗？

1949 年，一位 24 岁的年轻人满怀自信地走进了美国通用汽车公司，应聘会计工作。这位年轻人来通用应聘只是因为父亲告诉他，通用汽车公司是一家经营良好的企业，同时，建议他可以去看看。于是，这位年轻人就来了。

面试的时候，这位年轻人的自信给面试他的助理会计检查官留下了深刻的印象。当时，通用公司只有一个会计的名额，面试官告诉这个年轻人，竞争这个职位的人非常多，而且，对于一个新手来说，可能很难立即胜任这份工作。但是，这个年轻人却并没有因此而退缩，相反，他认为自己完全可以胜任这个职位，尤为重要的是，他认为自己是一个善于自我激励、自我规划的人。

正是由于年轻人具有自我激励和自我规划的能力，他被录用了！录用这位年轻人的面试官这样对秘书说："我刚刚雇用了一个想成为通用汽车公司董事长的人!"这位年轻人就是罗杰·史密斯，从1981年以来，他一直担任通用汽车公司的董事长。

罗杰在通用汽车公司的一位同事阿特·韦斯特这样评价他："在与罗杰合作的一个月当中，他不止一次地告诉我，他将来要成为通用的总裁。"事实上，正是这种高度的自我激励精神使罗杰朝着自己的目标不断前进，而且，他确实实现了他的目标。

名家名言

德国人力资源开发专家斯普林格在其所著的《激励的神话》一书中写道："强烈的自我激励是成功的先决条件。"

著名宗教领袖马丁·路德·金说过："世界上所做的每一件事都是抱着希望而做成的。"

美国哈佛大学的威廉·詹姆斯发现，一个没有受过激励的人，仅能发挥其能力的20%～30%，而当他受到激励时，其能力可发挥至80%～90%，即一个人在通过充分的激励后，所发挥的作用相当于激励前的3至4倍。

1991年，一个名叫坎贝尔的女子徒步穿越非洲，不但战胜了森林和沙漠，更通过了400公里的旷地。当有人问她为什么能完成这令人难以想象的壮举时，她回答说："因为我说过我能。"问她对谁说过这句话，她的回答是："对自己说过。"

圣女贞德说："所有战斗的胜负首先在自我的心里见分晓。"确实如此，每一个人的内心都存在着需求激励的欲望，只有激励才能激起他的激情和热情。因此，如果一个人在其他方面都具备的条件下，又善于自我激励，他的成功率就会高得多。

失败是成功的垫脚石。一天，一个农民的驴子掉到了枯井里。那只可怜的驴子在井里凄惨地叫了好几个小时，农民在井口急得团团转，可就是想不出把它救上来的办法。最后，他断然认定：驴子已经老了，这口枯井也该填起来了，不值得花这么大的力气去救驴子。农民把所有的邻居都请来帮他填井。邻居们拿起铁锹，开始往井里填土。驴子很快就意识到发生了什么，起初，它只是在井里恐慌地大声哭叫。令大家都很不解的是，不一会儿，它居然安静下来。几锹土过后，农民终于忍不住朝井下看，眼前的情景让他惊呆了。每一铲砸到驴子背上的土，驴子都作了出人意料的处理：迅速地将土抖落下来，然后狠狠地用脚踩紧。就这样，没过多久，驴子竟把自己升到了井口。它纵身跳了出来，快步跑开了。这让在场的每一个人都惊诧不已。

其实，生活也是如此。生活、学习或工作中各种各样的困难和挫折，都可能会如尘土一般落到我们的头上，如果我们想从苦难中脱身逃出来，走向人生的成功与辉煌，那么，办法只有一个，就是：将它们统统都抖落在地，然后重重地将它们踩在脚下。因为，生活中我们遇到的每一个困难、每一次失败，其实都是人生历程中的一块垫脚石。

2. 自我肯定

谦逊是人之美德，不谦逊的人，不受人们拥戴的人是办不成事的。但不能不相信自己，不肯定自己的智慧和作用，时时感到自卑，在微小之处都会体现一种自我否定的思维方法，因而会极大地影响自己生活和事业的成功。只有不断地进行自我肯定的练习，才能够改变我们对生活的态度和期望。

自我肯定可以默不作声地进行，也可以大声说出来，还可以在纸上写下来，甚至可以通过歌唱或吟诵表达出来。每天坚持有效的肯定练习，就能逐步抵消许多年的思想习惯。可以这样说“在我所从事的领域，我是出类拔萃的”；“我有足够的时间、能力、智慧来实现自己的美好愿望”；“谁说我比别人差，既然我们考入同一个学校，就证明我不比别人差”；“每天我都激励自己去实现人生目标”；“我建立了积极、健康的自我形象”；“我找到了自信、热情的自我”。等等。

当然，在肯定自我的时候，也不要忘了对自己过失的否定，要始终保持实事求是的态度。运用自我肯定应该遵循以下原则。①始终要以现在时态而不是将来时态进行肯定。例如，应该说：“我现在很幸福。”而不能说：“我将来会很幸福。”②始终要在最积极的方式中进行肯定。不能说“我再也不偷懒了”，而是要说“我越来越勤奋，越来越能干了”。这样做可以保证我们总是创造积极的思想形象。③一般来说，肯定词越简短，也就越有效。一番肯定应该是一番传达出强烈情感的清晰陈述，情感传达得越多，给人的印象越深，如："我真棒！"④在进行自我肯定时，尽可能努力创造出一种相信的感觉，一种它们已经真实存在的感觉。

3. 自我暗示

心理学认为，自卑是一种过多地自我否定而产生的自惭形秽的情绪体验。其主要表现为对自己的能力、学识、品质等自身因素评价过低；心理承受能力脆弱，经不起较强的刺激；谨小慎微，多愁善感，常产生猜疑心理；行为畏缩、瞻前顾后等。

自卑心理可能产生在任何年龄段和各种各样的人身上，比如说，德才平平，生命仍未闪现出"辉煌"与"亮丽"，往往容易产生"看破红尘"的感叹和"流水落花春去也"的无奈，以致把悲观失望当成了人生的主调；经过奋力拼搏，工作有了成绩，事业上创造了"辉煌"，但总担心"风光"不再，容易产生前途渺茫、"四大皆空"的哀叹；随着年龄的增长，青春一去不回头，往往容易哀怨岁月的无情和生发出红日偏西的无奈……这种自卑心理是压抑自我的沉重精神枷锁，是一种消极、不良的心境。它消磨人的意志，软化人的信念，淡化人的追求，使人锐气钝化，畏缩不前，从自我怀疑、自我否定开始，以自我埋没自我消沉告终，使人陷入悲观哀怨的深渊不能自拔，真是害莫大焉！

名家名言

美国作家爱默生说："自信是成功的第一秘诀。"

自卑的对立面是自信，自信就是自己信得过自己，自己看得起自己。别人看得起自己，不如自己看得起自己。人们常常把自信比作发挥主观能动性的闸门，启动聪明才智的马达，这是很有道理的。确立自信心，就要正确地评价自己，发现自己的长处，肯定自己的能力。

人们常说人贵有自知之明，这个"明"，既表现为如实看到自己短处，也表现为如实分析自己的长处。如果只看到自己的短处，似乎是谦虚，实际上是自卑心理在作怪。"尺有所短，寸有所长。"每个人都有自己的优势和长处。如果我们能客观地估价自己，在认识缺点和短处的基础上，找出自己的长处和优势，并以己之长比人之短，就能激发自信心。要学会欣赏自己，表扬自己，把自己的优点、长处、成绩、满意的事情，统统找出来，在心中“炫耀”一番，反复刺激和暗示自己“我可以”“我能行”“我真行”，就能逐步摆脱“事事不如人，处处难为己”阴影的困扰，就会感到生命有活力，生活有盼头，觉得太阳每天都是新的，从而保持奋发向上的劲头。“天生我材必有用。”自己给自己鼓掌，自己给自己加油，自己给自己戴朵花，自己给自己发锦旗，便能撞击出生命的火花，培养出像阿基米德“给我一个支点，我将移动地球”的那种豪迈的自信来！

自信既不是孤芳自赏，也不是夜郎自大，更不是得意忘形、毫无根据的自以为是和盲目乐观；而是激励自己奋发进取的一种心理素质，是以高昂的斗志、充沛的干劲、迎接生活挑战的一种乐观情绪，是战胜自己、告别自卑、摆脱烦恼的一种灵丹妙药。自信，并非意味着不费吹灰之力就能获得成功，而是说战略上要藐视困难，战术上要重视困难，要从大处着眼、小处动手，脚踏实地、锲而不舍地奋斗拼搏，扎扎实实地做好每一件事，战胜每一个困难，从一次次胜利和成功的喜悦中肯定自己，不断地突破自卑的羁绊，从而创造生命的亮点，成就事业的辉煌。

关键时刻或危机关头，采用积极的自我暗示的激励方法很有效。暗示是用含蓄、间接的方式对人的心理和行为产生影响，从而使人按一定的方式去行动或接受一定的意见，使他的思想、行为与自己的意愿相符合。暗示分为他人暗示、自我暗示、行为暗示、环境暗示、言语暗示等。从作用上讲，有积极暗示与消极暗示之分。如孩子上床睡觉前，母亲关照他：“玩了一天，当心尿床。”果然被母亲说中了。这属于消极的言语暗示。有个人特别怕下水井的盖子，生怕掉下去。后来心理指导者让他在接近井盖时用“男子汉区区井盖何以害怕”的话语鼓励自己，然后站在井盖上讲十遍，跳十次，结果这种紧张消失了。这就是积极的自我暗示。

自我暗示对人的心理作用很大，有时甚至会创造奇迹。苏联有一位天才的演员 N. H. 毕甫佐夫，平时老是口吃，但是当他演出时克服了这个缺陷。所用的办法就是利用积极的自我暗示，暗示自己在舞台上讲话和做动作的不是他，而完全是另一个人——剧中的角色，这个人是不口吃的。

在自我暗示的作用下，一个人可以突然变得耳聋眼瞎。这种视力的丧失不是因为视神经受损，而仅仅是由于大脑管理视觉的那个区域的机能受到扰乱。这种病人的治疗也可以用暗示的方法。

当我们要参加某种活动前或面临竞争之时，注意不要受到消极的环境暗示、言语暗示和他人的行为暗示，而应适当用积极的自我暗示的方法使自己产生勇气、产生自信，争取意想不到的效果。

4. 自我激励

名家名言

英国作家萨克雷说过：“生活是一面镜子，你对它笑，它就对你笑；你对它哭，它也对你哭。”

其实成功也是这样的，记得一副对联是这样说的，说你行你就行，不行也行；说不行就不行，行也不行，让我们给这对联改动一下，那就是我们下面所讲的主要话题“自我激励”：你认为你行，你就能行，你认为你不行，那就真的不行。这就需要青少年们做到以下几点。①抓住空当，磨炼你的热情。即使一天只有 15 分钟也好，每天花一点时间在自己最喜欢的兴趣上，比如利用上班前和另一半吃顿早餐；晚饭后整理阳台的花花草草；或上网和计算机玩 15 分钟的围棋。如此会让你更容易找回对工作的热情。②写下让你感到骄傲的努力。准备一张小卡，每天至少写下 3 件让你感到骄傲的事情。这里指的不是你今天又接到一笔多大的案子，而是当你已经付出百分之百的努力准备简报，即使最后提案并没有通过，也应该写下来鼓励自己。如果你真的想不出来自己到底做了哪些努力，或许可以找个值得信任的同事帮助你。③准备一个“奖状”公布栏。在家里找一个你每天最常经过的一面墙，挂上一个小小公布栏，把所有能够展现自我价值的“奖状”都贴在上面：比如说辛苦设计的提案报告封面；被老板称赞的一封 email；或是生日时同事合送你的干花。每天经过看一眼，你就能吸收它带给你的正面能量。当然也要记得每个月更新。④专注于如何解决问题。停止任何负面的、责备自己的想法，专注于如何解决问题。或许在电话或计算机旁贴一个禁止标志，可以提醒自己不要陷入负面的思考中。

第三章

探索自我的精神力量

——做个发掘自我潜力的青少年

一、相信自己，明天会更好

名家名言

毛泽东早期（1917 年）曾经写一首诗，其中的诗句写道：“自信人生二百年，会当击水三千里。”

人活着就是为了追求成功。从降生来到这个世界的第一声啼哭，就是追求成功的开始，没有一个人是为失败而来到这个世界上。青少年应该坚信在自己的血管里，没有失败的血液在流动。任何人都不愿意听失败者的哭泣，埋怨者的牢骚，无能为力者的叹息。

不断地反思，不断地总结，不断地求索是进步与成功的保证，自信与坚持，坚韧不拔才是生命的意义。

青少年应该学会自信，尽量做到在自己的字典里，没有不可能、办不到的令人挠头的窝囊词语，更没有毫无希望、投降、放弃等令人蔑视的愚蠢的字眼。应该尽量把每一天的奋斗，当作冲洗高山的雨滴，侵吞猛虎的蚂蚁，普照大地的星辰，万里长征的步履。应该尽量把自己努力的点点滴滴都写进快乐的每一天，就像建盖金字塔的奴隶，需要一砖一瓦才能构筑出成功的殿堂。

大家都相信滴水穿石的道理，都相信古老成功的法则，每失败一次，就等于向成功迈进了一次。这一次的失败，就是下一次的成功。这一次皱起的眉头，就是下一次舒展的笑容。

因为你相信自己、相信人类、相信生命，有十足的信心看待自己的能力。对于任何困难，从来不会畏惧，你永远立于不败之地。你会从所发生的一切事情中掌握对自己最有利的结果。

有一天，比索走出办公室，拦了一辆出租车。一上车便感觉到司机是一个很快活的人。司机吹着口哨，一会儿是电影《窈窕淑女》中的插曲，一会儿是国歌。看他乐不可支的样子，比索便搭腔说："看来你今天心情不错!"

"当然喽！为何要心情不好？我最近悟出了一个道理，情绪暴躁和消沉都没好处，因为事情随时都会发生转机。"接着，他便给比索讲了一个故事。

某天一早，他开车出去，想趁上班高峰期多赚点钱。

那天天真冷，好像用手一摸铁皮，马上就会被粘住似的。不幸的是，他开车没多一会儿，车胎就爆了。他快气炸了！他拿出工具来，边换轮胎，边嘟囔着。可是天气太冷，只要工作一会儿，就会被冻坏。就在这时，一辆卡车停了下来，司机跳下车向他走过来。使他更惊讶的是，卡车司机居然开始动手帮忙。轮胎修好之后，他一再道谢，但是卡车司机挥挥手，跳上车走了。

司机接着说："因为这件事，我整天心情都很好。看来事情总是有好有坏，人不会永远倒霉的。起初因为轮胎爆了我很生气，后来因为卡车司机帮忙，心情就变好了。连好运似乎也跟着来了。那天早上忙得不得了，客人一个接着一个，所以口袋里的钱也多了起来。先生，'塞翁失马，焉知非福'。不要因为事情不如意就心烦，事情随时会有转机的。"

那位司机说，从此以后，他再也不会让人生中的不如意来困扰他了。这就是真正的积极心态。这种积极心态一定不论在我们的学习、工作，还是生活中都会发挥功效的。

其实，这就是一个关于心态的例子，我们在生活中随时随地都可以发现这类例子。

当你面对难题时，如果你期待拨云见日，并能乐观以待，事情最后就能如你所愿。因为好运总是站在积极心态者的一边。一个积极心态者心中常能存有光明的远景，即使身陷困境，也能以愉悦、创造性的态度走出困境，迎向光明。

事实上，人生就是如此。我们难免会遇到无数挫折、困难及烦恼，但这并不意味着你注定要被打败。如果你秉持真诚的信念，勇敢面对人生，坚信好运必来，就能突破重围，任何难题也都将迎刃而解。

在那些真正的成功者中，许多人都具有这样的特点：拥有“积极心态”。但大多数人总是盼望成功会以某种神秘莫测的方式不期而至，可是我们并不具备这样的条件。

美国联合保险公司有一位推销员，名叫亚兰。亚兰想成为这个公司的明星推销员。他努力应用他在励志书籍和杂志中所读到的关于积极心态的知识。却不料，没过多久，他遭遇了厄运，然而这却给了他一个发挥积极心态的机会。

在一个寒冷的冬天，亚兰在威斯康星州一个城市的街区中推销保险单，跑了一整天却没有做成一笔生意。当然，他对自己很不满意。但他没有因此而气馁，而是选择了用积极的心态将这种不满转变为一种励志的动力。

第二天，当他从公司出发前，向同事们讲述了前一天所遭遇的失败，接着他说：“等着瞧吧！今天我将再次拜访那些客户，我将售出比你们售出的总和还要多的保险单。”

最终，亚兰做到了这一点。他回到那个街区，又拜访了前一天同他谈过话的每一个人，结果售出了66张新的事故保险单。亚兰最终成了这个公司的最佳销售员，并被提升为销售经理。

这的确是一个不平常的成就，而这个成就很大程度上应该感谢那一天的厄运。那时亚兰在风雪中穿街过巷，跋涉了8个小时，却没有卖出一张保险单。可是亚兰能够把前一天所感觉到的消极不满转化成励志性的动力，实在难能可贵。

成功与其说取决于人的才能，不如说取决于人的激情。这个世界为那些具有真正的使命感和自信心的人大开绿灯，到生命终结的时候，他们依然充满激情。无论出现什么困难，无论前途看起来是多么的暗淡，他们总是相信自己能够把心目中的理想图景变成现实。

怀有满腔激情工作学习的人会受到所有人的喜爱。激情可以分享也可以复制，它是分给别人之后反而会增加的资产。你付出的越多，得到的也会越多。生命中最大的奖励并不是来自财富的积累，而是由激情带来的精神上的满足。激情是一种神奇的要素，同时也是成功的基石。

诚实、能干、友善、忠于职守、淳朴——所有这些特征，对准备在事业上有所作为的年轻人来说，都是不可缺少的，但是更不可或缺的是激情——将奋斗、拼搏看作人生的快乐和荣耀。

发明家、艺术家、音乐家、诗人、作家、英雄、人类文明的先行者、大企业的创造者——无论他们来自什么种族、什么地区，无论在什么时代，那些引导着人类从野蛮社会走向文明的人们，都是充满激情的人。

如果你不能把自己的全部身心都投入到工作中去，那么你无论做什么工作，都可能沦为平庸之辈。你无法在人类历史上留下任何印记，做事马马虎虎的人，只会在平平淡淡中了却此生。如果是这样，你的人生结局将和千百万的平庸之辈一样。

热忱是工作的灵魂，甚至就是生活本身。年轻人如果不能从每天的工作中找到乐趣，而是仅仅因为要生存才不得不从事工作，仅仅是为了生存才不得不完成职责，这样的人注定是要失败的。

我们现在所处的时代，给满腔激情的人提供了更多的机会！这是一个充满激情的时代，世界给热情的人最广阔的自由空间。大自然的秘密，就要由那些准备把生命奉献给工作的人、那些激情澎湃的人来揭开。各种新兴的事物，等待着那些充满激情而且有耐心的人去开发。各行各业，人类活动的每一个领域，都在呼唤着满怀激情的工作者。

激情是战胜所有困难的强大力量，它使你保持清醒，并处于兴奋之中，去进行内心渴望的事；它不能容忍任何有碍于实现既定目标的干扰。

著名音乐家亨德尔年幼时，家人不准他去碰乐器，不让他去上学，哪怕是学习一个音符也不准。但这一切又有什么用呢？充满激情的他还是在半夜里悄悄地跑到秘密的阁楼里去弹钢琴；莫扎特小时候，成天要做大量的苦工，但是到了晚上他就偷偷地去教堂聆听风琴演奏，将他的全部身心都融化在音乐之中；巴赫年幼时只能在月光底下抄写学习的东西，连点一支蜡烛的要求也被蛮横地拒绝了，当那些手抄的资料被没收后，他依然没有灰心丧气；同样地，皮鞭和责骂反而使儿童时代充满热忱的奥勒·布尔更专注地投入到他的小提琴曲中去。

没有激情，军队就不能打胜仗，雕塑就不会栩栩如生，音乐就不会如此动人，人类就没有驾驭自然的力量，给人们留下深刻印象的雄伟建筑就不会拔地而起，诗歌就不能打动人的心灵，这个世界上也就不会有慷慨无私的爱。

二、不要因一时的苦恼而放弃

名家名言

美国前总统尼克松说：“你决不能放弃。你必须记住，得到任何东西，你都要冒巨大的风险；只有经过失败，你才能得到某些东西。任何人的功成名就，都是来自失败、失望、坚持和尽自己的最大努力。”

美国专栏作家威廉·科贝特曾在一篇文章中写道：我们的目光不可能一下子投向数十年之后，我们的手也不可能一下子就触摸到数十年后的那个目标，其间的距离，我们为什么不能用快乐的心态去完成呢？

成功需要时间去历练，所以当青少年暂时看不到成功的希望的时候，不要轻言放弃。如果现在青少年选择了放弃，那么，不但放弃了最终成功的可能性，而且连自己长期以来所坚持的努力将会付诸东流，这就等于完全放弃了自己的梦想。

年轻时，威廉·科贝特辞掉了报社的工作，一头扎进创作中去，可他心中的“鸿篇巨制”却一直写不出来，他感到十分痛苦和绝望。

一天，他在街上遇到了一位朋友，便不由得向他倾诉自己的苦恼。朋友听了后，对他说：“咱们走路去我家好吗？”“走路去你家？至少也得走上几个小时。”朋友见他退缩，便改口说：“咱们就到前面走走吧。”

一路上，朋友带他到射击游艺场观看射击，到动物园观看猴子。他们走走停停，不知不觉，竟走到了朋友的家里。几个小时走下来，他们都没有感到一点累。在朋友家里，威廉·科贝特听到了让他终身难忘的一席话：“今天走的路，你要记在心里，无论你与目标之间有多远，也要学会轻松地走路。只有这样，在走向目标的过程中，才不会感到烦闷，才不会被遥远的未来吓倒。”就是这番话，改变了威廉·科贝特的创作态度。他不再把创作看作一件苦差，而是在轻松的创作过程中，尽情地享受创作的快乐。不知不觉间，他写出了《莫德》《交际》等一系列名篇佳作，成为美国一位著名的专栏作家。

成功的道路上往往会充满艰辛。我们可以选择逆流而上，也可以选择知难而退。每一种选择都有足够的理由去支持，但是如能够勇敢地去面对困难和挑战，不轻言放弃，那么最后即便我们没有成功，也会给自己的人生留下一笔丰富的精神遗产。最起码我们奋斗过了，不会后悔。

因为只有经历过失败，我们才会更加明白成功的意义。就像是经历过风雨，才会感知到彩虹的美丽；就像是经历过苦难，才会明白幸福的滋味；就像是经历过挫折，才会感知到胜利的喜悦。面对成功路上的磨难，永远不要说放弃。等我们千辛万苦地战胜这些苦难的时候，你才是最后站在最高处接受众人喝彩的角色。

不要轻言放弃，因为只有不断坚持，才能成就自己的梦想。

比尔·盖茨在向孩子们谈到自己的经历时，也总是避免不了被问到他从哈佛退学的事情。比尔·盖茨常常这样说：“对我来说，哈佛的求学经历是一段非凡的经历。校园生活很有趣，我常去旁听我没选修的课。”

有一次，比尔·盖茨被邀请回哈佛演讲，在演讲过程之中，他主动提起了自己在哈佛的一段经历。他说那是他在哈佛大学最难忘的回忆之一。1975年1月份，比尔·盖茨在宿舍里给一家公司打了一个电话。当时，该公司已经开始着手制造世界上第一台个人电脑了，比尔·盖茨打电话过去的目的是要出售自己研发出来的软件。

打电话之前比尔·盖茨很担心对方会因为自己是一个青少年而挂断电话，但经过百般思考，比尔·盖茨最终还是不愿意因此而放弃自己的梦想，他拿起电话快速地拨通了对方的号码。谁知，比尔·盖茨担心的结果并没有出现，接电话的人说："我们还没准备好，一个月后你再来找我们吧。"

这对比尔·盖茨来说绝对是一个好消息。因为当时他只是想要打电话过去问一问情况，却从来没有想过自己会真的得到这样一个机会，甚至在当时他的软件还没有编写出来呢。从这一天开始，比尔·盖茨为了实现自己的梦想开始不断地努力。他夜以继日地在这个项目上工作着，甚至忘记了自己的学业。尽管最后从哈佛退学了，但是他却从来没有放弃自己的梦想。在创业的路上，比尔·盖茨也曾遇到过十分头疼的问题，但是一想起自己曾经为了梦想而主动去打电话，并且经过多少个日夜的努力才完成自己编写的软件，他就会重新充满信心。他从未放弃过自己的梦想，直到他退休的时候，他也坚信只有持之以恒，才能得到实现梦想的机会。

有梦想才会有期望，有期望才会有拼搏和激情，守住自己的梦想，勇敢地走下去，你就会比别人提前到达成功的彼岸。每个人都有着不一样的梦想，最后能不能实现，最关键的一点就是看你能不能坚持到最后。

当代最伟大的科学家史蒂芬·霍金在20岁以前，还是一个整天看上去无忧无虑并且才华横溢的小伙子。然而在他21岁的时候，医生告诉他一个坏消息——他得了肌肉萎缩症，生命只有两年的时间了。

这样的消息对于普通人来说或许就等于绝望，但是霍金明白自己还有许多梦想没有实现，他不能够就这样离开人世间。一天天瘫痪的霍金为了自己的梦想，开始和病魔作斗争。他从来没有向命运低下过头，后来，他以顽强的意志力和对梦想坚持不懈的追求最终取得了成功。

虽然现在霍金只有两个手指可以活动，但是这并不妨碍他的大脑的思考。霍金成了当代最伟大的科学家，并且还使自己的生命多延续了几十年。

三、坚持如一就能成功

《钢铁是怎样炼成的》是一部众人熟知的名著。保尔从小在苦水中长大，早年丧父，母亲替人洗衣、做饭，哥哥是一名普通的工人。保尔12岁时，母亲把他送到车站食堂当杂役，他在食堂里干了两年，受尽了欺辱。然而，他后面的路更坎坷。不久，保尔双目失明，全身瘫痪，但是，他在这种情况下还在坚持写书，对自己毫不顾惜。他和常人相比，多写一个字都要付出翻倍的代价。功夫不负有心人，他终于成功地写完了《钢铁是怎样练成的》这本书。

"人最宝贵的是生命，生命属于每个人只有一次。人的一生应当这样度过，当他回首往事的时候，不应虚度年华而悔恨，也不因碌碌无为而羞愧……"

一个少女到东京帝国酒店做服务员，这是她涉世之初的第一份工作。但她万万没有想到上司安排她洗厕所！上司对她工作质量的要求特别高：必须把马桶抹洗得光洁如新！怎么办？是接受这个工作，还是另谋职业？一位先辈看到她的犹豫态度，不声不响地为她做了示范，当他把马桶洗得光洁如新时，他竟然从中舀了一碗水喝了下去！先辈对工作的态度，使她明白了什么是工作，什么是责任心，从此她漂亮地迈出了职业生涯的第一步，并踏上了成功之路。自然，她所清洗的厕所，一向光洁如新，她也不止一次地喝过马桶里的水。几十年一瞬而过，如今她已是日本的邮政大臣。她的名字叫野田圣子，1987 年当选为岐阜县议会议员，是当时最年轻的县议员。1998 年 7 月担任第一次小渊惠三内阁的邮政大臣，是日本最年轻的阁员。

人生，可以说是一段曲折而坎坷不平的路。在人生的旅途中，你会遇到重重的困难，会面对失败的打击和不被人理解的痛苦，等等。但是，这一切都是短暂的。在突破障碍、战胜困难后，回顾走过的道路，我们就会领悟到，那是磨炼人生的火焰。

多少英雄、伟人，都是在熊熊燃烧的火焰中锻炼出来的，正如人们常说的："宝剑锋从磨砺出，梅花香自苦寒来。"和保尔相比，我们在学习和生活中遇到的困难实在是微不足道的，我们有什么理由唉声叹气、裹足不前呢？

有人问微软公司中国区的总经理唐骏："怎样才能像你一样用 7 年的时间从工程师做到总裁？"唐骏回答："比别人更坚持，成功的机会就多 10 倍。"是的，只要坚持下去，就一定拥有成功的机会，若是选择了放弃，我们的梦想也就会随之而消失。

四、坚决摒除消极想法

你曾有过这些悲观的想法吗？很有可能。偶尔有些悲观的想法很正常，但是生活并不会因此而能轻松些。要是你任由消极的思想蔓延，你就会陷入严重的沮丧情绪。这就是为什么要及早采取行动来摆脱闷闷不乐的原因。

尽管这些建议不会帮助你解决实际问题，但它们却能帮助你打破消极的思维定式并摆脱闷闷不乐的情绪。

生活就像是乘坐情绪的过山车。某些日子你觉得人生充满希望，而另外一些日子你又觉得人生毫无希望。更多的时间里，你处于这两者的中间状态。理解积极情绪与消极情绪的变化样式可以帮助你正确对待情绪问题。下次感到郁闷时，请记住这是一种不可避免的自然状态。知道了情绪低落只不过是一种暂时的状态而已，会让你把闷闷不乐看得不那么严重。

没有什么比你周围的人更能影响你的想法和态度了。想法（无论是积极的还是消极的）是可以传染的。要是你周围都是些消极的人，那你肯定也会开始消极起来。要想改变生活的面貌，多花些时间和乐观积极的人在一起吧。寻找那些人并从他们身上学习如何以乐观的态度看待世界。大多数情况下，你将会分享他们的快乐。

沉浸在失败的巨大阴影之下，你会忘记曾经做对事情的所有经历。花几分钟回想一下过去的成功让自己振作起来。什么因素令你成功？你的优势在哪里？通常，这项尝试会让你建立自信心，它帮助你发现失败的原因并激发使你成功的想法。

人的天性就是拿自己与比自己社会地位高的人相比。研究表明，比起朋友，比起实际的赚钱，人们更关心如何变得富有。当你多想想生活的美好，多与比自己生活困难的人相比时，你就会发现让你郁闷的问题并不那么严重。

改变心境的最好方法是改变周围的环境。当你意志消沉时，你就会把自己的问题与周围的环境联系起来。很有可能，你周围的环境会时时提醒你，

自己很失败。这有可能成为一个恶性循环。解决的办法是改变。改变不必是革命性的改变。例如：清理卫生、多些灯光，或者添置小摆设都可以改变整个房间的氛围。

整日遵循同样的生活习惯，会让你陷入单调和消沉的状态。这也常常导致人们陷入旧有惯例不可自拔。为了改变，你得时不时地临时改变生活习惯。如果可能，休息一天不要工作。做一些你平时没时间做的事情，或者做一些你从未尝试过的事情。从长远讲，时不时地休息和调整会让你摆脱闷闷不乐并能使你的工作更有效率。

当你想到人类把自身的小问题看得多么严重时，你可能会会心一笑。动物可不那么想。小鸟不会因为自己不是雄鹰，或是因为别的小鸟发现了美食而闷闷不乐。动物们都活在当下，并且无条件地表现出对生活的爱。观察它们并与它们交流会帮助你解决自己的问题。

JunnyCash 曾有句名言：“情绪不好时，就开始跟上节奏吧。”舞动起来，的确让所有人感觉良好。同样，别的运动也有这样的功效。健身、散步都会驱散走郁闷带来的死气沉沉。你拥有越多热情的时刻，你就越能感到高兴。

美国康奈尔大学教授卡尔萨根曾用《黯淡蓝点》作以证明，我们都是生活在巨大宇宙里一个小小的星球上的渺小的生物。从长远讲，任何事情都会被遗忘。有些人对此感到郁闷，但实在没有必要这样。遗忘意味着我们所面临的问题都不那么绝对。一百万年后，没人会记得你做过什么或者没做什么。重要的是当下，好好珍惜和享受我们活着的每一分钟吧。

最后，摆脱闷闷不乐的最佳方式是采取行动。你最大的问题是什么？怎样才能减轻痛苦？一旦你停止郁闷并开始向前看，你就不会觉得那么痛苦了。行动会占据你的思想，会让你向未来着眼。一旦你取得了什么成果，你就会得到动力，积极的态度也会让你更轻松地前进。

第四章

我会做得更多

——做个果敢动手的青少年

一、付出更多才能收获更多

名家名言

科学家爱因斯坦曾经说过："请记住，人是为别人而生存的。我们的精神生活和物质生活都依赖着别人的劳动，我们必须以同样的分量来报偿我们所领受了的和正在领受着的东西。"

一个人如果只考虑自己的利益，只知道接受，而在接受之后不懂得付出，结局将是让人难以忍受的。就像耕作一样，播种、插秧与除草，每一个栽培的动作，农夫们都必须尽心尽力地付出，在秋收时间尚未来到前，他们都明白，唯有努力付出才会有丰硕的收获。

在巴勒斯坦境内，有两个名为"海"的湖泊，这两个著名的湖泊各有各的特色。其中一个叫"加黎利海"，是一个很大的湖泊，水质清澈甘甜，可以供人们饮用，因为湖底清澈无比，连鱼儿们在水中悠游的景象也清晰可见，而附近的居民更是喜欢到此处游泳和嬉戏。加黎利海的四周全是绿意盎然的田园景观，因为环境清幽，许多人将他们的住宅与别墅建在湖边，享受这个有如仙境的美丽景致。另一个名为"死海"，也是个湖泊，然而，正如其名，水是碱性的而且有种怪味道，不仅人们不敢拿来饮用，连鱼儿也无法在这个湖泊中生存。在它的岸边，连株小草都无法生长，更别提人们选择在这里居住了。令人好奇的是，这两个湖泊其实同出于一个源头。后来人们发现，它们会有这么大的不同，是因为“一个有‘接受’也有‘付出’；另一个则是，‘接受’后便‘存留’起来”。

原来，在加黎利海里，有入口也有出口，当约旦河水流入加黎利海之后，水会继续流出去，如此一来，水流不仅生生不息，也会不断地循环更换，水质自然清澈干净了。

至于死海则只有入口没有出口，当约旦河水流入之后，水就被完全封锁在死海里。于是，在这个只进不出的湖泊中，所有的污水或废水也全都汇聚在这里，因为只知自私地保留己用，最后的结果便如它的名字，成为没有人愿意亲近的死海。

因为肯付出，加黎利海的收获，正是干净的湖水与热闹的人潮，它就像辛勤耕作的农夫，天天耕耘，努力付出，自然会得到应有的成果。

至于一味地接受而没有付出的死海，结果则是贫瘠与足迹罕至。它就如一个不问付出只问收获的农夫，撒下种子之后，便任由秧苗生长，即使杂草丛生、土壤干涸也置之不理，那么到了秋收时节，他又怎么能看见丰收的景象呢？

有付出才会有收获，唯有不断流动更替的水才会充满氧气，如此鱼儿们才会有舒适的生存空间，为湖泊增添生命活力。

有舍才会有得，只要不吝于付出，在付出的同时，我们便能腾出新的空间，容纳新的机会！

人或多或少有这样的心理，想着不付出或付出很少就想得到大的收获。总是期待着“天上掉下馅饼”，那可能吗？即使能掉下馅饼，会一直“掉”吗？“守株待兔”便是一个很好的例子。要想有所收获，那就得去默默地耕耘。

“种瓜得瓜，种豆得豆”，这个道理大家可能都明白，可是一些人总是爱羡慕那些获得成功的人，羡慕人家富裕的生活；羡慕人家开名车，住别墅；羡慕……可是他们却没有仔细地想想这富裕生活的背后，有多少的汗水和艰辛，是经过无数的默默的付出才换来的。

付出不一定次次都会有收获，可是不付出就永远不会有收获。默默地去付出，辛勤地去耕耘，总会有收获的，仅仅是时间问题而已。付出即使得不到收获，但是你努力去奋斗了，心中至少不会有太多的遗憾。

日本东京岛村产业公司及丸芳物产公司董事长岛村芳雄，不但创造了著名的“原价销售法”，还利用这种方法，由一个一贫如洗的店员变成一位产业大亨。

岛村芳雄初到东京的时候，在一家包装材料厂当店员，薪金十分微薄，时常囊空如洗。由于没钱买东西，岛村下班后唯一的乐趣就是在街头闲逛，欣赏行人的服装和他们所提的东西。

有一天，岛村又像往常一样在街上漫无目的地溜达，无意中，他发现许多行人手中都提着一个纸袋，这些纸袋是买东西时商店给顾客装东西用的。一个念头在岛村的脑中闪现了，他认定这种纸袋一定会风行一时，做纸袋生意一定会大赚一笔钱。考虑到自己一无经验，二无资金，岛村创造了一种新的销售方法，即“原价销售法”，从而在激烈的商业竞争中站稳了脚跟，并为日后的发展打下了雄厚的基础。所谓原价销售法，就是以一定的价格买进，然后以同样的价格卖出，在这个过程中，中间商没有赚一分钱。岛村先去往麻产地冈山的麻绳商场，以5角钱的价格大量买进45厘米规格的麻绳，然后按原价卖给东京一带的纸袋工厂。这种完全无利润的生意做了一年后，在东京一带的纸袋工厂中，人们都知道“岛村的绳索确实很便宜”，订货单也像雪片一样，从各地源源而来。见时机成熟，岛村便开始着手实施自己的第二步行动。他先拿着购货收据，前去订货客户处诉苦：“你们看，到现在为止，我是一毛钱也没有赚你们的。如果再让我这样继续为你们服务的话，我便只有破产一条路可走了。”交涉的结果是，客户为岛村的诚实和信誉所感动，心甘情愿地把交货价格提高为5角5分钱。接下来，岛村又与冈山麻绳厂商洽谈：“您卖给我一条5角钱，我是一直按原价卖给别人，因此才得到现在这么多的订货。如果这种赔本生意让我继续做下去的话，我只有关门倒闭了。”冈山的厂商一看岛村开给客户的收据存根，大吃了一惊。这样甘愿做不赚钱生意的人，他们还是生平第一次遇到。于是，这些厂商没有多加考虑，就把价格降低为一条4角5分。如此一来，以当时一天1000万条的交货量来计算，岛村一天的利润就可以达到100万元。创业两年后，岛村就成为名满天下的人。

岛村用自己的真诚和努力的付出，终于赢得生意。也赢得了自己的未来。同样，在今天对青少年来说，通过努力学习，一定会赢得自己的明天。但是，不愿付出的人，肯定是没有明天的。当今的社会竞争是激烈的，人们的生活压力很大，只有不懈地努力，才能更好地在这个社会生存。即使现在的工作和生活是无聊的，也不要一直地消沉下去。应该咬紧牙关去努力，生活才会有激情和活力！为了实现理想，为了能有美好的明天，坚定信念，努力吧！有付出才会有收获！

二、细心认真是最基本的前提

对于那些处于学习阶段的青少年来说，更要认真，这不仅仅是态度问题，更需要形成认真的习惯。比如，做作业的时候老师有要求：每做完一样就打个钩。青少年们可以采取这样的办法：先把会做的做完，不明白的留着慢慢思考，实在想不明白再去问家长或老师。当青少年提出问题的时候，家长和老师也要做到只提供思路和方法，只给提示，不给答案，引导青少年学着自己去思考，去动脑筋。同时，还要求孩子做作业时不能只是看题，而是要读题，要大声地读出来，因为只是看的话经常会漏字、错字，而读出声音的话，注意力会相对集中一般就不会对题目理解错误。

发现了粗心的习惯，一定要改正。“千里之堤，毁于蚁穴”正是说明了小的细节的重要性，需要我们青少年在学习生活中严谨对待。

一位雕塑家得到一块质地非常好的大理石。他觉得大理石非常适合雕刻一个人像，于是，他拿起凿子。不知是因为紧张还是用力过猛，只那么一凿，他就敲下了一大块碎屑。

雕塑家立即停下来，经过三天思索，他决定放弃构思好的雕塑，因为他意识到自己难以驾驭这块宝贵的材料。

后来，这块大理石被赠送给雕塑家米开朗基罗。米开朗基罗用这块大理石雕刻出旷世杰作——大卫像。

细心的观赏者指出大卫背上的一道明显的伤痕，为其不能百分之百的完美而略感惋惜，并慨叹先前的那位雕塑家有些冒失。

米开朗基罗纠正道：“那位先生已经相当慎重了，如果他冒失草率的话，这块特别的材料早就不复存在了，而我的大卫像也就无从产生了。”

“这么说，你还要感谢那位雕塑家？”有人困惑不解地问道。

“是的，我要感谢他难得的认真，他的雕刻和放弃都是极其认真的。另外，我还要感谢他留下的那块伤痕，它无时无刻不在提醒着我，让我的每一刀、每一凿都千百倍地细心，不能有丝毫的疏忽大意。”

米开朗基罗充满敬意地道出了他获得成功的一个秘诀，那就是吸取别人的教训，以最大的认真态度去做好手头上的每一件事。

青少年养成认真细心的习惯格外重要，这个问题从上学的第一天起就要给予足够的关注，家长得通过生活中的点点滴滴，传递给孩子很明确的信息：上学时课堂40分钟专心听讲，每天认真完成老师布置的作业，这是必需的也是起码的要求。也就是说，作为家长的底线和原则，是不可逾越的，也是没有商量的余地的，这样做，其实也就是让孩子自己体会到作为青少年他自己的基本责任。另外，还应该给孩子规定另外一个原则，那就是每天晚上10点必须上床睡觉，这出于两方面考虑，一是要保证孩子的睡眠时间，二是要使孩子知道每天必须在10点以前完成自己所有的事情，这条的执行要比完成作业还严格，如果到了10点钟，作业还没完成，就不允许他继续做的。这样有助于孩子抓紧时间。

在孩子做作业的问题上，家长的态度和采取的措施尤为重要。我们的态度是允许犯错，但不允许犯不认真不仔细的错，也就是说会做的就要做对，当然，孩子偶尔的马虎是可以理解的。孩子做作业的时段我们不要做硬性规定，时间由他自己安排，只要做完作业，到10点以前这段时间由孩子自己安排，他可以看书、看电视或者玩游戏。这样环境相对宽松，可以缓解孩子做作业时的压力。孩子每天的作业，除了听写默写以外，全部由孩子自己完成，家长只负责签字。家长不应管他今天完成的作业正确与否，因为只有真实的作业才能反映他听课的效果，老师也才能知道教学的效果。但应该关注老师批改以后的作业，以及每次测验、考试的试卷，针对每一次每一题的错，都要与孩子一道分析，找出原因，然后提醒孩子避免犯同类的错误。

孩子做作业不仔细，其实还是注意力不集中造成的。而形成注意力不集中的原因，从家长来说，大概有几种，一种是家长守在旁边，看着孩子做作业，这样会给孩子很大的压力，他在做作业的过程中，会不自觉地要观察父母，考虑父母的情绪，还要随时担心不恰当的举动会招来父母的批评，这样他是不可能很专心地做作业的。家长要陪着也可以，自己拿本书在旁边看，不要太过于关注孩子，不要让他觉得你是在监督他，而是在真正地陪着他。如果孩子在单独的房间做作业，就不要去打扰他，一会儿给他送水，一会儿给他送水果，只会让他分心，让他无法专注于作业，老是去打扰他，他心里就会有种暗示：这个时候妈妈该进来了。也包括不要去问他做得怎么样，不要去催他，就像前面说过的，时间到了就收工睡觉，完不成的作业，让老师去教育他，毕竟老师的话比家长的要管用，家长不能觉得孩子完不成作业家长丢面子，最好是让孩子自己感觉丢面子，老师的话才更起作用。还有一种情况，就是不能以眼前现实的诱惑作为奖励来刺激孩子做作业，比如说几点以前做完可以看××电视，或者几点以前做完给什么奖励之类的，如果这样，孩子在做作业的过程中就会想着后面的好事，就会匆忙地赶完作业，自然就不可能仔细认真。

另外，就是发现孩子不仔细做错题以后，家长要尽量平和地提醒，要特别注意批评的语气与用词，其实在这个时候孩子都知道自己错了，如果家长很严厉地斥责，会使孩子心里产生抵触情绪，效果会适得其反，也许他心里会说，不就那么小点错嘛，值得生那么大的气，他会从内心将错误缩小化来对抗你的严厉。还有批评的时候不要使用结论性的语言，例如“你就是笨”“你就是马虎”等，这样说多了，对孩子产生的实际效果就是负强化，你老说他马虎，他的心里就会产生一种自我认知，“我就个马虎的人”，这样会使孩子在此问题上丧失信心，也会让他觉得自己马虎很正常，也就不再把马虎当成一回事。

三、不仅努力，也要会巧用力

1. 自我管理的必要性

青少年在日常生活和学习中，不仅要努力，而且也要学会巧用力。一定要培养青少年敢于去摸索，让更多的青少年在集体中承担责任。这样不仅可以增强青少年的集体意识和班级凝聚力，而且可以让青少年获得班级管理主人的积极体验，从而激发青少年主动参与班级管理的积极性，并从管理者的角色中学会管理他人，学会自我管理。

2. 如何学会自我管理

当今社会，青少年和社会的接触面越来越广，和社会的接触方式也越来越多，青少年的个性表现也越来越自我。如何让青少年能尽快健康、快乐地成长，怎样学会自我管理变得越来越重要。

所谓青少年自主管理，实际上是青少年自我管理，是在班主任指导下，促使青少年运用自身的力量进行自我教育和发展的一种管理方法。学校应在班级管理中给青少年提供进行自我教育和发展能力的机会，让每个青少年主动参与班级管理，在“正视自己、发展自己、超越自己”的体验中，从他律走向自律，从自律走向自觉、自为，进而提高青少年自我发展的能力。①初步学会从教学的角度提出问题、理解问题，并能综合运用所学的知识、技能解决问题，发展应用意识。②形成解决问题的一些基本策略，体验解决问题策略的多样性，发展实践能力与创新精神。③学会与人合作，并能与他人交流思维的过程和结果。④初步形成评价与反思的意识。⑤转变观念，给青少年足够的信任。如果学校把班级的管理权放给青少年，会得到意想不到的结果。我们只能是引导者，给青少年建议，而不是把自己的意志强加给青少年。⑥建立一支强有力的班干队伍。让青少年主动参与班集体管理，老师不必事事躬亲，建立一支责任心强、素质高、工作胆大的班干队伍是必不可少的。⑦让青少年学会关心他人、关心自己，学会懂得如何感恩。感恩教育很重要。一个懂得感恩的人，是不会总是计较他人的不是的，而是会从自身找原因，会知恩图报，容易和他人相处，会关心他人，也就会关心集体，会很看重集体荣誉，会把集体的事情当作自己的事情来做。

事例一

1999 年，比尔·盖茨在接受中央电视台专访时谈到他做微软公司的总裁，再也没有编写软件的时间了。但是无论有多忙，他每周总会抽出一两天去宁静的地方待一待。为什么呢？他说，面对繁重的工作和激烈竞争的 IT 业，他作为管理者，不能把精力浪费在烦琐的小事上，他必须有专门的时间去思考，以作出具有战略意义的决策。

比尔·盖茨从小就表现出勤于思考、善于思考并能妥然解决问题的特点。正是这种用脑分析问题、解决问题的能力，让他获得了成功。

比尔·盖茨常常告诫他的员工，要带着思考去工作，在工作中思考。更重要的是利用自己所学的知识，思考分析问题，找出产生问题的症结所在，切实地解决出现的问题。

比尔·盖茨曾向他的员工讲过这样的一个事例：

有一次，一个教授带青少年在工厂参观学习，在一个制造齿轮的车间里，有一台机床加工出来的齿轮的轮齿表面总有不正常的划痕。原因何在？加工齿轮的轮齿的机床很复杂，主要是它的传动的内部关系很复杂，而且这个传动内部的关系又是十分严格的。教授对这种机床的传动机理比较清楚，他想了想，并对传动中每一个环节都加以分析，很快就得出了答案：主动齿轮与被动齿轮安装反了，互易其位了。把机床这部分打开一看，果然如此。

从这个事例中，我们可以看出，这个教授不仅熟练地掌握了这种机床机理的知识，而且能够把它应用于实际，准确地找出了这台机床加工出来的齿轮的轮齿有划痕的原因。这就是应用知识分析解决实际问题的能力，其中最重要的是勤于思考，用最简单的方法解决主要问题。

事例二

高斯，著名的德国数学家。1777 年 4 月 30 日出生在德国的布伦兹维克。父亲是一个砌砖工人，没有什么文化。还在少年时代，高斯就显示出了他的数学才能。据说，一天晚上，父亲在计算工薪账目，高斯在旁边指出了其中的错误，令父亲大吃一惊。10 岁那年，有一次老师让青少年将 1，2，3…连续相加，一直加到100，即1 +2 +3 +… +100。高斯没有像其他同学那样急着相加，而是仔细观察、思考，结果发现：1 +100 =101，2 +99 =101，3 +98 =101，…，50 +51 =101 一共有 50 个 101，于是立刻得到：1 +2 +3 +… +98 +99 +100 =50 ×101 =5050。

老师看着小高斯的答卷，惊讶得说不出话。其他青少年过了很长时间才交卷，而且没有一个是算对的。从此，小高斯“神童”的美名不胫而走。村里一位伯爵知道后，慷慨出钱资助高斯，将他送入附近的最好的学校进行培养。

中学毕业后，高斯进入了德国的哥廷根大学学习。刚进入大学时，他还没立志专攻数学。后来听了数学教授卡斯特纳的讲课之后，决定研究数学。卡斯特纳本人并没有多少数学业绩，但他培养高斯的成功，足以说明一名好教师的重要作用。

从哥廷根大学毕业后，高斯一直坚持研究数学。1807 年，高斯成为该校的数学教授和天文台台长，并保留这个职位一直到他逝世。

高斯 18 岁时就发明了最小二乘法，19 岁时发现了正 17 边形的尺规作图法，并给出可用尺规作出正多边形的条件，解决了这个自欧几里得以来一直悬而未决的问题。为了这个发现，在他逝世后，哥廷根大学为他建立了一个底座为 17 边形棱柱的纪念像。

对代数学，高斯是严格证明代数基本定理的第一人。他的《算术研究》奠定了近代数论的基础，该书不仅在数论上是划时代之作，就是在数学史上也是不可多得的经典著作之一。高斯还研究了复数，提出所有复数都可以用平面上的点来表示，所以后人将“复平面”称为高斯平面，高斯还利用平面向量与复数之间的一一对应关系，阐述了复数的几何加法与乘法，为向量代数学奠定了基础。1828 年高斯出版《关于曲面的一般研究》，全面系统地阐述了空间曲面的微分几何学。并提出了内蕴曲面理论。高斯的数学研究几乎遍及当时的所有数学领域，而且在不少方面的研究走在了时代的前列。他在数学历史上的影响可以和阿基米德、牛顿、欧拉并列。

高斯的成功除了自身的天赋之外，还得益于思考的习惯。

第五章

学会激励自己和激励他人

——做个会激励的青少年

一、每天都要充满希望

拿破仑·希尔说过这样一句话：一天之中有两个时刻最重要，一个是早上一觉醒来，另一个是晚上入睡之前。这两者如同一对“括弧”，中间是你醒着的其他时间。如果你在这两个时刻是积极、愉悦的，则一天之内，你将能享受积极、愉悦的生活。

名家名言

艾伯特·郝巴德说：每天早上10点钟以前，保持愉悦的心情，则一天之内其余时间，你也会心情愉快。

事例一

著名作家梭罗每天早晨的第一件事，是告诉自己一条好消息。然后，他会对自己说，我能活在世间，是多么幸运的事。如果没有出生在世，就无法听到踩在脚底的雪发出的吱吱声，也无法闻到木材燃烧的香味，更不可能看见人们眼中爱的光芒。于是，他每一天都满怀对生命的感激之情。

其实，快乐的经历也许正如花的芳香，或是从窗帘透过的金色阳光，或者仅是一句友好的话、一个小小的善举、一首优美的乐曲。但是，你必须在睡觉前去寻找这样快乐的体验，这是你入睡前最有价值的事。

事例二

爱默生经常以愉快的方式来结束每一天。他告诫说："时光一去不返。每天都应尽力做完该做的事。疏忽和荒唐是在所难免的，尽快忘掉它们。明天将是新的一天，应当重新开始一切，振作精神，不要让过去的错误成为未来的包袱。"他十分清楚，以悔恨来结束一天，实在是不明智之举。爱默生就像一个关门人，在一天结束时，他会把门关上，将一切忘记。他就好像曾任英国首相的劳合·乔治一样。

事例三

乔治有一天和朋友在散步，每经过一扇门，他便随手把门关上。

"你没必要把这些门关上。"朋友说。

"哦，当然有必要，"乔治说，"我这一生都在关我身后的门。你知道，这是必须做的事。当你关门时，也将过去的一切留在后面。然后，你又可以重新开始。"

要成为一个快乐的人，重要的一点是学会将过去的错误、罪恶、过失通通忘记，而往前看。忘记过去的事，努力向着未来的目标前进。

还有一个可以引导人享受快乐人生的重要原则便是，学会接受和尊重别人。

另外一个寻求人生乐趣的法则是，知道你在生活中会遇到困难、悲伤和恶劣的情形，但深信自己可以克服它们。这种快乐是无价的，这便是我们先前提到的人生的快乐。

给予是快乐的另一个源泉。所谓"给予"，它包含付出金钱、时间、兴趣或忠言，或者任何由你能给予他人，且对他们有利的东西。你自己付出了，但实际上这些付出能帮助你发现自己。这项原则听起来很奇怪，但却非常受用。付出最多的人，获得的也最多。

曾有一句话这样讲过，一个又一个的打击可能会"打掉了你的生机和活力"。这句话很现实，你可能已如行尸走肉，不断的打击使你感到几乎已穷途末路，你已无法再站起来奋斗，只能爬行，而不敢勇敢地站起来，动用你的智慧和力量去解决困难。对于这样的懦夫来说，人生当然没有什么乐趣。失败总会让人感到不愉快。只有能应付人生中大大小小难题的人，才能得到大量的人生乐趣。安妮·谢尔太太便是采用积极心态，通过积极思维摆脱忧伤的一个很好的例证。

事例四

谢尔先生是当地一家著名宾馆的经理。几个月后，谢尔先生突然去世，而谢尔太太则继续留在那家旅馆，在一位新来的经理手下以女主人的身份工作。工作中，她很快摆脱了悲伤情绪。显然，她内心的平静源于一种深深的力量。

“我很敬佩你在这段悲伤的日子里，仍能有这么好的精神，”她的朋友去看望她的时候说，“我认为你回去工作，使自己有事干是正确的决定。”

谢尔太太对朋友的回答包含着如何处理悲伤的不寻常的哲学：“事实上我的心情能够变好，并不是因为我回去工作。工作并非治疗剂，它只是麻醉剂。它只会使我对悲伤麻木，却不能治疗我的心病，是信仰让我完全康复的。”她的看法真是精辟，工作只能使人对悲伤感到麻木，却无法起任何治疗作用，唯有信仰能使人康复。当我们遭受巨大的心灵创伤的折磨时，我们当然不会真正感到快乐。

消极心态者认为，人生来就不平等。为什么有的人如此富有、如此健康、如此快乐，而有的人整天劳作，却什么都没有。他们认为贫穷与不幸都是命运的安排，自己无法抗争。因此，他们从未想到过要改善自己的生活。也许小福勒的故事能告诉你，有的人贫穷，但不是上帝造成的。

事例五

福勒是美国路易斯安那州一个黑人佃农家的孩子，5 岁时就开始劳动。9 岁之前就以赶骡子为生。这并不是什么特殊的事，大多数佃农的孩子都是很早就参加劳动的。小福勒与他的朋友有一点不同：他有一位不平常的母亲。

他的母亲不肯接受这种仅只糊口的生活。她知道自己贫困的家庭被一个繁荣昌盛的世界所包围，她无法接受这个事实，其中一定有些蹊跷。过去，她时常同一个儿子谈论她的梦想：

“福勒，我们不应该贫穷。我不愿意听到你说：我们的贫穷是上帝的意愿，我们的贫穷不是由于上帝的缘故，而是因为你的父亲从来就没有产生过致富的愿望。我们家庭中的任何人都没有产生过出人头地的想法。”

没有人产生过致富的愿望。这个观念在福勒的心灵深处刻下了深深的烙印，以致改变了他的一生。他开始想走上致富之路，他总是把他所需要的东西放在心中，而把不需要的东西抛到九霄云外。这样，他的致富的愿望就像火花一样迸发出来。他决定把经商作为生财的一条捷径，最后选定经营肥皂。于是他就挨家挨户出售肥皂达 12 年之久。后来他获悉供应他肥皂的那个公司即将拍卖出售。这个公司的售价是 150000 美元。他在经营肥皂的 12 年中一点一滴地积蓄了 25000 美元。双方达成了协议：他先交 25000 美元的保证金，然后在 10 天的限期内付清剩下的 125000 美元。协议规定如果他不能在 10 天内筹齐这笔款子，他就要丧失他所交付的保证金。

福勒在他当肥皂商的 12 年中获得了许多商人的尊敬和赞赏。现在他去找他们帮忙了。他从私交的朋友那里借了一些款子，也从信贷公司和投资集团那里获得了援助。在第 10 天的前夜，他筹集了 115000 美元，也就是说，还差 10000 美元。

当时他已用尽了所知道的一切贷款来源。那时已是沉沉深夜，他在幽暗的房间里，跪下来祷告，祈求上帝领他去见一个会及时借给他 10000 美元的人。他自言自语地说：

“我要驱车走遍第 61 号大街，直到我在一栋商业大楼里看到第一道灯光。”

夜里 11 点钟，福勒驱车沿芝加哥 61 号大街驶去。驶过几个街区后，他看见一所承包商事务所亮着灯光。他走了进去。在那里，在一张写字台旁坐着一个因深夜工作而疲乏不堪的人，福勒有点认识他。福勒意识到自己必须勇敢些。

“你想赚 1000 美元吗？”福勒直截了当地问道。这句话使得这位承包商吓得向后仰去。“是呀，当然想。”他答道。

“那么，给我开一张 10000 美元的支票，当我奉还这笔借款时，我将另付 1000 美元利息。”福勒对那个人说。他把其他借款给他的人的名单给这位承包商看，并且详细地解释了这次商业风险的情况。

那天夜里，福勒在离开这个事务所时，衣袋里已装了一张 10000 美元的支票。以后，他不仅在那个肥皂公司，而且在其他 7 个公司，包括 4 个化妆品公司、一个袜类贸易公司、一个标签公司和一个报馆，都获得了控制权。最近我们要求他谈谈自己的成功奥秘时，他用他的母亲在多年前所说的话回答道：“我们是贫穷的，但这并不是由于上帝，而是由于你们的父亲从来没有产生过致富的愿望。在我们的家庭中，从来没有一个人想到过改变自己目前的处境。”

“假如你知道自己需要什么，那么，当你看见它的时候，你就会很容易地认识到它。例如，当你读书时，你将认识到一些良机能帮助你获得你所需要的东西。”

福勒随身带着一个看不见的法宝，这个法宝的一边印着“积极心态”四个字、另一边印着“消极心态”四个字。他把“积极心态”这一面翻到上面，令人吃惊的事发生了，他竟然能够把以前仅仅是梦想的东西变成了现实。

在这里要注意的是，福勒开始谋生时所具有的有利条件比我们大多数人所具有的要差得多。但是他选择了一个很明确的目标，并且奋力向这个目标前进。

对你来说不论成功是否意味着像福勒那样致富，是否像在化学方面发现一种新元素，或创作一首歌曲，种植一种玫瑰花，教养一个孩子……不论成功对你意味着什么……那个一边装饰着“积极心态”，另一边装饰着“消极心态”的法宝都能够帮助你达到成功的顶峰。

事例六

一位著名的教育家说：“孩子需要激励，就如植物需要浇水一样。离开激励，孩子就不能生存。”

雨果·西奥雷尔 1903 年出生在瑞典南部的林彻市。父亲是个外科医生，他那勇敢顽强的性格和严谨细致的作风深深地影响了幼小的西奥雷尔。在父亲的影响和教育下，小西奥雷尔从小热爱学习，兴趣广泛，每当他在学习中遇到什么困难向父亲诉说时，父亲总是拍着他的头或肩说：“别怕，你肯定能行。”父母的话鼓舞着小西奥雷尔愈发心强、胆大。有时他和小伙伴们在一起玩耍，看到可怕的小虫子，别的小朋友都非常害怕，吓得不敢动，而小西奥雷尔却十分镇静，一步迈过去，一把将小虫子抓住，并拿起小刀进行解剖。他要弄明白那些小虫子究竟有什么可怕之处，它们肚子里究竟都有些什么东西，它们之间又有些什么不同之处。他总是十分认真地观察着、寻找着、思考着。他的这种求知欲望和探索精神大受父亲赞赏，父亲不断给予他热情的鼓励和支持。父亲常夸他干得好，并和他一起解剖和观察。父亲的赞赏和鼓励使小西奥雷尔极为高兴，使他更加勇敢、更加富于想象力。这样，在不断的解剖中，小西奥雷尔不仅增长了知识，而且大大提高了动手动脑的能力。1930 年，27 岁的西奥雷尔获得医学博士学位。然而，天有不测风云，正当西奥雷尔准备大干一番事业的时候，他突发疾病，双腿致残，他因此陷入了不可名状的痛苦之中。面对这种打击，西奥雷尔耳边仍时时回响着父亲的鼓励：“你肯定能行!”因此，他鼓励自己说，当医生不行了，还有其他路可走。经过认真分析思考，西奥雷尔决心以毕生的精力献身基础医学和生物学的研究，从根本上提高医学水平，拯救世界上成千上万的病人。西奥雷尔知难而进，他克服了一般人意想不到的困难，以残疾之躯，长途跋涉，前往德国柏林，向当时世界第一流的酶学科学家瓦勃格教授请教，与他共同攻关。西奥雷尔谦逊诚恳的态度，朝气蓬勃的热情，坚定不移的意志，深得瓦勃格教授的赞赏。西奥雷尔的汗水终于没有白流，他的研究终于结出了成功的果实。他用自己设计、自己制造的电脉仪，结合超离心方法，证明了由他首次得到的黄素酶是均一的、纯净的。接着，西奥雷尔又可逆地把这种黄素酶分解成两部分——黄色的辅酶和无色的蛋白质。西奥雷尔这一成果使人类对生命的基本单位——细胞的认识更加深刻了，而且在对于肿瘤病、结核病以及其他疾病的预防、诊断和治疗方面都具有难以估量的价值。西奥雷尔的成就立刻轰动了整个生物医学界。1936 年，西奥雷尔获得纯度为 80% 的细胞色素 C。1939 年，西奥雷尔又获得纯度接近 100% 的细胞色素 C。科学界的同行们对西奥雷尔赞不绝口，称赞他的手“简直是一双神奇的妙手”！西奥雷尔由于突出的成就先后被瑞典、丹麦、美国、英国、法国、意大利、比利时、印度等国吸收为科学会会员，1955 年，西奥雷尔荣获诺贝尔生理学及医学奖金。

西奥雷尔以其残疾之躯取得如此令人瞩目的成就，这与他幼年父亲对他进行激励、赏识教育是分不开的。“你肯定能行”，这一句很普通的话语，在西奥雷尔的心里就是燃亮希望之光的火炬，促使他充满信心、勇敢地去拼搏，从而奠定了他成功人生的基础，使他逐步地从平凡走向辉煌。激励的作用对教育孩子至关重要。但遗憾的是在生活中，家长往往不重视激励，他们更关心的是怎样“对付”孩子的“不规范”行为，根本不考虑孩子的行为究竟表现了怎样的心态，应如何“对付”这些导致不“规范”行为的原因。虽然人人明白鼓励是什么意思，也知道鼓励对促进孩子进步有好处。但是，大多数家长并不真正清楚怎样鼓励孩子，什么时候应该加以鼓励以及激励的技巧、方法等。他们往往以为激励就是说好听的，表扬一下。其实，激励就是给孩子提供一个机会锻炼及表现自己的能力，向自己证明他是环境中的一个有效分子，他的行为可以给自己和别人带来积极的影响。在激励的作用下，孩子认识到自己的潜力，不断发展各种能力，就能成为生活中的成功者。激励可以是非常简单的。给孩子一个拥抱，使他感到一些安慰。

二、来自父亲的鼓励

事例一

后辈人一直受到前辈人的鼓励。

一位伟大的父亲，总会给自己的孩子不断的鼓励。

一位伟大的父亲，给孩子的款款温情，不时浸透着孩子的心灵。这就是父爱的力量，也是一位父亲对孩子的鼓励。

世界著名的投资大师罗杰斯就给女儿写了 12 封信。他将自己毕生的经验以及对生活的感悟传给了女儿。

事例二

投资界的传奇人物，国际著名投资大师，巴菲特评价其“对市场大趋势的把握无人能及”。罗杰斯 1942 年出生于美国亚拉巴马州，5 岁开始做第一笔生意赚钱（在棒球场捡瓶子卖钱）。获得奖学金上耶鲁大学，毕业后，到牛津大学贝列尔学院深造，在那里作为赛艇队的舵手，他创造了自己的第一个吉尼斯纪录。1970 年，他和索罗斯共同创立全球闻名的量子基金，其投资回报率高达4200%，而同期标准普尔指数的增长还不到47%。他10 年内赚够一生花用的财富，此时，罗杰斯决定退休，时年 37 岁，但是他并没有赋闲在家。罗杰斯继续管理自己的投资组合，同时在哥伦比亚大学商学院研究生院做教授，并担任 WCBS 电视台《杜瑞福斯圆桌会议》与金融新闻网 FNN《获利动机》两个节目的主持人。与此同时，他开始实施自己一生的梦想：驾驶摩托车环游世界，期间跨越了六大洲，行程超过10 万英里，创造了他的第二项吉尼斯纪录。后来他以这一经历为依据，创作了第一本书《投资骑士》（1994 年出版）。1999 年到2002 年的千禧大探险是他的第三项吉尼斯纪录，他携带妻子佩奇，跨越了 116 个国家（其中大约有 15 个国家仍然处于内战之中），行程 15. 2 万英里。他的第二本书《风险投资家环球游记》，记录了这一不可思议的冒险之旅。60 岁之后喜获的两个千金是他最新的探险和乐趣源泉，两个女儿一个出生于 2003 年，一个出生于 2008 年。目前，他和妻女定居新加坡，除了为媒体撰稿外，他还到世界各地巡回演讲。巴菲特却教育儿子做他自己，其中一个儿子成了著名的音乐家，另一个儿子则做起了慈善，专注于全球的贫苦问题。

巴菲特孩子的成功，正是来自父亲的鼓励和支持。这是有远见的父亲对儿子的深情鼓励，也是父辈们在指导孩子的未来之路所做出的不懈努力。

事例三

洛克菲勒曾给儿子写了 38 封信。约翰 · D. 洛克菲勒（1839—1937），是美国第一家工业托拉斯企业的创建者，全球最伟大的慈善家和现代慈善业最大的组织者。洛克菲勒出身贫寒，却野心勃勃，成为世界上最富有的人是他儿时的梦想；而受基督教浸礼会教义的影响和熏陶，洛克菲勒自幼养成了节俭、勤奋、诚实以及中产阶级的其他优良品德，这些品德连同他卓越的经商才能野心，帮助他建立了庞大的商业帝国——标准石油公司。

下面我们看一下洛克菲勒给儿子的信。

起点不是终点

你希望我能永远同你一起出航，这听起来很不错，但我不是你永远的船长。上帝为我们创造双脚，是要让我们靠自己的双脚走路。

也许你尚未做好独自前行的准备，但你需要知道，你所置身的那个充满挑战与神奇的商业世界，是你新生活的出发地，你将从那里开始参加你不曾享用而又关乎你未来的人生盛宴。至于你如何使用摆放在你生命面前的刀叉和如何品味命运天使奉上的每一道菜肴，那完全要靠你自己。

当然，我期望你在不远的将来就能卓尔不群，并胜我一筹。而我决定将你留在我身边，无非是想把你带到你事业生涯的高起点，让你无须艰难攀爬便可享有迅速腾达的机会。

这当然没有什么值得你庆幸和炫耀的，更无须你感激。美利坚合众国的建国信念是人人生而平等，但这种平等是权利与法律意义上的平等，与经济和文化优势无关。想想看，我们这个世界就如同一座高山，当你的父母生活在山顶上时，注定你不会生活在山脚下；当你的父母生活在山脚下时，注定你不会生活在山顶上。在多数情况下，父母的位置决定了孩子的人生起点。

但这并不意味着，每个人的起点不同，其人生结果也不同。在这个世界上，永远没有穷、富世袭之说，也永远没有成、败世袭之说，有的只是我奋斗我成功的真理。我坚信，我们的命运由我们的行动决定，而绝非完全由我们的出身决定。

就像你所知道的那样，在我小的时候，家境十分贫寒，记得我刚上中学时所用的书本都是好心的邻居为我买的，我的人生开始时也只是一个周薪只有5块钱的簿记员，但经由不懈的奋斗我却建立了一个令人艳羡的石油王国。在他人眼里这似乎是个传奇，我却认为这是对我持之以恒、积极奋斗的回报，是命运之神对我艰苦付出的奖赏。

约翰，机会永远都会不平等，但结果却可能平等。在历史上，无论是在政界还是在商界，尤其是在商界，白手起家的事例俯拾皆是，他们都曾因贫穷而少有机会，他们却都因奋斗而功成名就。然而，历史上也充斥着富家子弟拥有所有优势，却走向失败的事例。麻州的一项统计数字说，十七个有钱人的孩子里面，竟然没有一个在离开这个世界时还是富翁。

而在很久以前，社会上便流传着一个讽刺富家子弟无能的故事，说在费城的一个小酒吧里，一位客人谈起某位百万富翁，说："他是白手起家的百万富翁。""是啊，"旁边一位比较精明的先生回答说，"他继承了两千万，然后他把这笔钱变成了一百万。"

这是一个令人痛心的故事。但在我们今天这个社会，富家子弟正处在一种不进则退的窘境之中，他们中的很多人注定要受人同情和怜悯，甚至要下地狱。

家族的荣耀与成功的历史，不能保证其子孙后代的未来将会美好。我承认早期的优势的确大有帮助，但它不能保证最后会赢得胜利。我曾不止一次地思考这个对富家子弟而言带有悲哀性的问题，我似乎觉得，富家子弟开始承担了优势，却很少有机会去学习和发展生存所需要的技巧。而出身低贱的人因迫切需要解救自身，便会积极发挥创意和能力，且珍视和抢占各种机会。我还观察到，富家子弟缺乏贫贱之人的那种要拯救自己的野心，因为生活在金山银海中的他们，根本不需要野心。不幸的是，人一旦失去野心，也只得祈祷上帝赐予他成就了。

所以，在你和你的姐姐们很小的时候，我就有意识地不让你们知道你们的父亲是个富人，我向你们灌输最多的是诸如节俭、个人奋斗等价值观念，因为我知道给人带来伤害最快捷的途径就是给钱，它可以使人腐化堕落、飞扬跋扈、不可一世，失去最美好的快乐。

我不能用财富埋葬我心爱的孩子，愚蠢地让你们成为不思进取、只知依赖父母的无能者。

一个真正快乐的人，是能够享受他的创造的人。那些像海绵一样，只取不予的人，只会失去快乐。

青少年一定要相信没有不渴望过上快乐、高贵生活的人，但真正懂得高贵快乐生活从何而来的人却不多。在我看来，高贵快乐的生活，不是来自高贵的血统，也不是来自高贵的生活方式，而是来自高贵的品格和自立精神，看看那些赢得世人尊重、处处施展魅力的高贵的人，我们就知道自立的可贵。

约翰，你的每一个举动都会成为我的挂念。但与这种挂念相比，我更对你充满信心，相信你优异的品格，比世界上任何财富都更有价值的品格，将帮助你铺设出一条美好的前程，并将助你拥有成功而又充实的人生。

但你需要强化这样的信念：起点可能影响结果，但不会决定结果。能力、态度、性格、抱负、手段、经验和运气之类的因素，在人生和商业世界里扮演着极为重要的角色。你的人生刚刚开始，但一场人生之战就在你面前。

我能深切地感受到你想成为这场战争的胜者，但你要知道，每个人都有追求胜利的意志，只有决心做好准备的人才会赢得胜利。

我的儿子，享有特权而无力量的人是废物，受过教育而无影响的人是一堆一文不值的垃圾。找到自己的路，上帝就会帮你。

爱你的父亲

洛克菲勒是一位虔诚的基督教徒，他彻底摒弃了骄傲与纵欲之心，无私地将辛勤赚得的财富惠泽他的同胞与人类，这个世界也因他的无私与慷慨而变得越发美好。从他给孩子的信中，我们不仅仅能看到洛克菲勒家族崛起的秘密，更能看到这位伟大父亲是怎样教育孩子的。

三、学会激励周围的人

当人们失意，心情沮丧时需要激励；当人们面临困难、信心不足时需要激励；当人们万事遂愿、心满意足时同样需要激励。有时候，人们需要的可能是如同丘吉尔一样慷慨激昂的演说；有时候，可能是一次鼓舞人心的交谈，有时候，可能是一句赞扬和肯定的话。

马克·吐温曾说，一句赞美的话可使他保持两个月的好心情。是的，他人一句诚挚的赞赏之辞，既可让我们心情舒畅，又可成为推动我们再创佳绩的动力。当然，人们真正需要的是发自内心的称赞而不是无价值的阿谀。虚假的谄媚和吹捧只会让愚蠢的人高兴而让明智的人作呕。在称赞他人时，你无须用绚丽的辞藻，有时候，一句简简单单的褒奖和鼓励就能起到事半功倍之效。有时候，甚至一个表示认可的点头即能起到激励他人的效果。

人们总是认为那些成功的人不犯错误，事实却并非如此。对那些身处逆境的人，有必要向他们提醒一下，其实这些挑战和失败并非他们独有，我们每个人都可能会随时碰到。

激励就像是一封语言精练的信。那种陈词滥调的花言巧语、逢迎吹捧之词并不是激励，不假思索而随便说一句“你看起来很不错”或“我欣赏你”之类的话常常起不到鼓舞人心的作用，即使有时候说话的人是真心诚意，因为人们会将它看成一种社交上的敷衍客套。真正的激励应该像一封语言精练的信，它能表明你是认真的。的确，激励他人并不难，它可以是一个批注，一句赞美，一段亲身经历，或者一次表示支持的拜访。“成功教育”的实质就是对孩子时刻给予鼓励，让自信战胜自卑，让遭受不幸的人在别人的肯定与赞许中走向成功。前面谈到的那位父亲的成功引起教育界广泛关注，数百名残疾儿童的家长自发要求这位伟大的父亲组织一下“成功班”，用爱心点燃孩子们心中的信念，让他们拥有健康人的心态，与正常的孩子一样成长。

我们不难发现：鼓励在人的一生中起着重要的作用。因为人性的一个重要方面，就是渴望别人的重视和赞许，满足自己人格尊严的需要。我们渴望别人的关怀与鼓励，也应该把这些赠与别人。

鼓励可以是一句充满关爱的话语。当人遭受挫折时，也是其心灵最脆弱的时候，一句冷嘲热讽可能给他造成永久性的伤害，而一句热情洋溢的鼓励也许就能激发他潜在的能力，从而战胜困难，走出逆境。

名家名言

维纳说："一个天才的儿童，如果不能在精神方面取得巨大成功，他就可以认为自己是失败者，而事实上他就是个失败者。"

学会鼓励别人，实在是人生的一种境界。

鼓励可以是一声断然的命令。

一位中国母亲到她的日本朋友家做客，朋友年仅两岁的儿子被凳子绊倒了，便大哭起来，这位日本母亲并未慌忙地去扶起儿子，而是对趴在地上哭泣的儿子说："站起来，靠自己的力量站起来！"小孩听了母亲的话，竟停止了哭声，颤巍巍地爬了起来。"你能行！"这是一种更为深沉的鼓励，因为它是建立在别人的能力信任的基础上，更容易激发人潜在的能力。

鼓励可以是严厉的一巴掌。

闻名遐迩的意大利记者法拉奇年幼时，家乡遭到美军的空袭，躲在死尸下面的她被美军飞机的狂轰滥炸吓坏了，哭了起来。父亲严厉地给了她一巴掌，说："好孩子不许哭！"老法拉奇的"巴掌"造就了20世纪最有成就的作家之一，多年以后，法拉奇感慨地说："这一巴掌给了我力量。"

鼓励甚至只是一次掌声，就能改变这个人的命运。

上高中时，班里有位叫萍萍的女孩，平时沉默寡言，但是她总是蜷缩在教室的一角，不与人交流。上课前，她早早地就来到了教室，下课之后，她又是最后一个离开教室。后来我们才知道，她因为得了小儿麻痹症，而落下了残疾，她不愿意让人看到她走路的姿势，平时都是非常自卑。

一天，上演讲课时，老师让同学们上台来讲一个小故事。轮到萍萍演讲的时候，全班四十多双眼睛一齐都投向那个角落，萍萍立即把头低下来。上演讲课的老师是刚调来的，她不了解萍萍的情况，她就一直点她的名字。萍萍犹豫了一会儿，然后慢慢地站起来。我们注意到了，萍萍的眼圈红了。就在此时，老师说，大家鼓励一下，教室里响起来掌声。

在全班同学的注视下，萍萍终于一摇一晃地走上了讲台，就在她刚刚站定的一刹那，不知是在谁的带动下，全班骤然间又响起了一阵热烈的掌声，那掌声热烈而且持久，在掌声里，我们看到萍萍的眼泪流了下来。

掌声渐渐平息了，萍萍也定了定情绪，开始讲述她童年的一个故事，她的普通话说得很标准，声音也十分的动听。当她结束演讲的时候，班上又响起了一阵热烈的掌声。萍萍很礼貌地向老师深鞠一躬，又向同学们深鞠一躬，然后，又在掌声里一摇一晃地走下了讲台。

奇怪的是，自从那次演讲之后，萍萍就像变了一个人似的，她不再那么忧郁了，她和同学们在一块游戏、说笑，甚至还有一次她还走进了学校的小舞厅，让同学们教她跳舞。后来，萍萍的学习成绩一直很好。尤其是数学和物理，高二那一年，她代表我们学校参加了全国奥林匹克物理竞赛，还获了奖。

三年时间匆匆而过，萍萍被北京一所大学录取。临毕业时，她说："我永远都不会忘记那一次掌声，因为它使我明白，同学们并没有歧视我。我应该鼓起勇气，勇敢地面对生活，是那次掌声给了我第二次生命，我感谢那次掌声。"

其实人都是需要掌声的，尤其是别人身处困境的时候。在人生的舞台上，每个人都希望自己的演出得到喝彩。掌声，是一种尊重，是一种鼓励，它会使人产生一种无穷无尽的力量，会真正使人有一种尊严和自我永远向上的信心，同时，掌声也是对一个人的生命的鼓励和肯定。

四、学会读书

"书山有路勤为经，学海无涯苦作舟"，这是一句我们都熟悉的至理名言。读书、学习实际上是一件非常艰难和枯燥的事情，必须要有坚强的毅力和决心，还要有迎着困难而上的恒心，无论在何时都要充满信心和自信、不被他人所扰，不被环境所扰，这样才能做到在任何条件下都能读好书，才能成为社会的佼佼者。

名家名言

“白日依山尽，黄河入海流。欲穷千里目，更上一层楼。”——王之涣

“读史使人明智，诗歌使人灵秀，数学使人缜密，伦理使人庄重……”

——培根

一个人要想让自己的境界上一个层次，就要不断地学习知识，提高自己。不同的知识构成会影响着人不同的性格，如果能够做到广泛阅读就能开阔自己的眼界。

现实中，我们的人生如此丰富多彩，每个人所需的知识又是如此广博，但是没有一个人可以完全指导我们。获得知识的途径很多，阅读就是其中重要一环。读书可以学到健康的原理，可以学到旅游天地，可以学到烹饪美食，可以学到治国平天下的道理。因此，我们就应该感谢阅读，热爱阅读。

青少年时代是读书的黄金时期，特别是中学时代，是我们进行知识储备打好知识根基的关键时期。如何去读书，看似十分简单的话题，细想起来却不是那么简单。首先态度决定一切，读书要破除对书的迷信和盲从。孟子说过：“尽信书，则不如无书。”说明读书切不可被书所迷惑，更不能把书中所说的都看作真理，一味地盲从。书不过是前人的一些言论和思想，而这些言论和思想并不一定是当时作者真正的想法，因为一切东西当落到纸上的时候都已经是第二义了。诚如古人所说：大匠能予人规矩，不能予人巧。书给予我们的也不过是前人知识和思想的规矩而已，至于巧，则要看我们自己的理解领悟和修行了。

如何读书才能达到最佳效果呢？

1. 激发孩子热爱读书的兴趣

通过阅读让孩子进入一个美妙的世界，使生活乐趣无穷。同时，孩子还可以从书中获得人生的宝贵经验。因为人生短暂，不可能全部去体验所有经验，书中的间接经验，都是我们的宝贵财富，能补充我们的不足。

青少年的阅读，并不光是他们自己的事情。父母对青少年的影响也是巨

大的。青少年经常在父母的耳濡目染下生活，父母的一举一动都会对他们产生深远的影响。因此，父母首先要养成阅读的好习惯。天长日久，孩子就会不断地询问很多问题，比如，“书中到底有什么好的故事?”作为家长，此时必须要耐心地引导，这样才能达到举一反三的效果。

家中摆着各种各样的书籍，孩子随时可以拿来翻看，这是孩子自己寻找乐趣的地方。同时，作为父母也有必要给孩子点鼓励。让阅读成为孩子生活中不可或缺的一部分。阅读此时就是一种享受而不是负担。父母读书看报，对待读书兴致盎然，孩子又何尝不是如此?

可以设想，在轻松的气氛下，父母与孩子一块阅读的快乐时光。你们在公园里，在家里，在一个安静的地方，一块欣赏着一首诗歌，或者读上一段动听的小故事，这是多么迷人的享受啊。此时，心如止水，在读书的时候让书上的知识在我们的心中泛起波澜、产生共鸣。只有平心静气地去读书，才能读得深入，才能让自己的心绪融入书中。在心无旁骛的情况下去读书，我们才能更快地取得进步。读书的时候还要多写，写多了就会有灵感，有了灵感就能知道自己应该去读什么样的书，去读书中的什么章节，时间长了你就会自然成其一家，在从开始漫无目的的读书到有需而读的过程中，最终披沙拣金。

2. 家长与孩子读书，不是什么书都可以，一定要选择与孩子的年龄、兴趣以及能力相适应的图书

孩子们也喜欢丰富多彩的内容，然而作为孩子他们没有能力选择什么是好书，什么是差书，很多情况下，只有靠父母去做。

书籍是精神食粮。父母不仅仅要培养孩子的阅读习惯，还要帮助孩子选择适合他们阅读的书。现代社会是一个信息爆炸的社会，知识增长迅速，知识的更新换代也正在以前所未有的速度进行，那么，我们的阅读方式，更不能像之前那种按照传统的方式进行了。

人们读书的时间是有限的，知识却是无限的。在浩瀚无边的知识海洋里，若是漫无目的地读书，终属于大海捞针。因此，除了基本的经典书籍我们需要阅读外，其余的就是在实际学习生活抑或将来的工作中带着需要和疑问去读书。“学起于思，思源于疑。”读书应该是带着疑问去读，带着兴趣去读，

更应该泛观博取，尽量多地涉猎自然和社会科学等方面的知识，这不仅有助于我们扩大自己的知识面和学术视野，而且能对我们所学的专业有所启发和教益。但是我们也反对盲目地多读书，有些东西一目十行，取其精髓就可以了，也就是说在泛观博取的同时，我们应当对一些经典和重要的书目熟读而精思，不仅要理解其文字上的表面意义，更要沉浸于其中，领会作者的真正用意和精髓所在。而对于相对来说次要的东西一带而过就行了。

第六章

做点有挑战的事情
——做个善于挑战的青少年

一、你是否每天都在安于现状

拥有一颗上进的心，不安于现状的决心，有改变现状的勇气，这对人来说，是非常重要的。即使我们现在对现状很满意，我们也需要向着更好的目标前进。如果现在我们生活不如意，那就更有必要让我们变得好一点，要想变得好一点，就要敢于打破现状。不要害怕面对改变，改变也许会使你变得更好，不要等着100%有把握了再去行动，只要有40%的可能性就应该付诸行动。

不管你现在的学习成绩如何，也不管你未来将要从事的是什么职业，只要有一颗上进的心，你就会不断地成长。只要成长，你就会有成功的机会和希望。在你没有成功之前一定不要放弃自己成长的机会，一定不要否定自己成功的可能。人的成长是不可预知的，哪怕你现在什么都不是只要你有一颗上进的心，永不放弃，你就会有所成就。如果你同时具有上进的心和敢于冒险的勇气，那你离成功就不远了。勇气与毅力，还有学识与智慧、胸怀，都是成功的关键因素。

只有拥有一颗不安于现状的心，一个人就会一步步地成长。成长的过程是一个缓慢的过程，也许三年五年过去了，还没有发现青少年的成长，但是千万不要因此就放弃了努力，因为成长是一个量变到质变的过程，只要前面的积累够了，你才会成功的。如果你放弃了，你前面的付出也会前功尽弃。

积极乐观，不断进取，成功就在你面前。不安于现状，就需要有创新的精神，需要有开拓进取的精神。

提起创新，不少人会觉得这是一件很让人敬而生畏的事情，但北京理工大学的刘真畅说得最多的是兴趣。

刘真畅曾在各大创新竞赛中取得赫赫战绩，并且已凭着优异的成绩保送本校研究生。毕业设计完成后，他的本科学习虽然即将结束，但是他的创新之路将越走越宽。

2011 年，刘真畅和同学组建了一个小团队，花了 500 多天的时间，研究“大角度矢量推力技术验证机”，最终获得第 12 届全国“挑战杯”大青少年课外学术科技作品竞赛一等奖。“作为北京理工大学航模队的成员，身边很多同学都去准备创新项目，我自己也有兴趣去体验课外创新活动。”就这么简单，兴趣成了刘真畅最好的动力，让他似乎有股与生俱来的冲动，不断提出新的想法，然后动手实现它。

据刘真畅的妈妈介绍，从小学开始参加“我有一双灵巧的手”这类模型比赛开始，他就对航模设计表现出浓厚的兴趣，初中、高中阶段即使面对沉重的课业负担，也没有停止参加创新比赛，大学填报志愿时更是毫不犹豫地选择了自己梦寐以求的专业。

进入大学进行专业学习，刘真畅几乎把所有时间都放在了能够参加的创新项目上。他的很多同学也准备了不少项目，但是大部分同学做到一半看不到成果就放弃了。他说，除了兴趣，创新还需要具备一定的素质：提出有价值问题的能力，持之以恒的决心，以及最重要的团队合作精神。

研究“大角度矢量推力技术验证机”，是刘真畅投入时间最多的一个项目。曾经有好几个晚上，他和他的团队在实验室里熬夜赶制飞机，第一架飞机首飞成功后，每个人都欢呼雀跃，第二架飞机在试飞中坠毁，又让大家失落到低谷。尽管一路跌跌撞撞，但整个团队坚持了下来，最终造出 3 架试验机，进行了 5 次飞行试验，完成了一篇论文。不管是难以抑制的喜悦还是失败后的心灰意冷，这些都成为刘真畅在大学时期最美好的回忆。在这过程中，他也深切体会到，工程领域最需要团队合作，如何与别人交流，提高团队凝聚力，都是在创新过程中非常重要的能力与素质。

从“挑战杯”科技作品竞赛到“飞向未来——太空探索创新竞赛”，刘真畅一路都在收获。但是他认为，大青少年科技创新大部分只是提出一个初步的想法并进行论证，距离真实的科研还有一定的差距。“在科研上每提出一个新思想都要经过严谨而详细的论证，并且每个创新项目都要具备很高的完成度和实用价值才算成功。”有了此前的积累，认识到现在的差距，刘真畅在向更高的目标迈进。

名家名言

马克思说过，蜜蜂建造的蜂巢使人类的许多工程师惭愧，但人类最蹩脚的工程师比蜜蜂高明的地方，就是人在造蜂巢之前，蜂巢已经存在于人的脑海里了。

人类的全部活动都是为了满足自己的需要，或者说为了实现自己的目的。但我们对需要或者目的的性质却缺乏深入的研究。我们讨论的需要是人类特有的属性，其他生命是否有需要不在我们的视野内。

其实，人们不安于现状，没有故步自封，墨守成规，主要在于勤于思考。青少年也是如此，多参加社会实践才能获得更多的经验。鲁班发明锯的故事就充分说明了不仅仅要多做，还要创新解决问题。

鲁班是中国古代著名的木匠。据说有一年，鲁班接受了建筑一座巨大宫殿的任务。这座宫殿需要很多木料，他和徒弟们只好上山用斧头砍木，当时还没有锯子，效率非常低。一次上山的时候，由于他不小心，无意中抓了一把山上长的一种野草，手却一下子被划破了。鲁班很奇怪，一根小草为什么这样锋利？于是他摘下了一片叶子来细心观察，发现叶子两边长着许多小细齿，用手轻轻一摸，这些小细齿非常锋利。他明白了，他的手就是被这些小细齿划破的。后来，鲁班又看到一条大蝗虫在一株草上啃吃叶子，两颗大板牙非常锋利，一开一合，很快就吃下一大片。这同样引起了鲁班的好奇心，他抓住一只蝗虫，仔细观察蝗虫牙齿的结构，发现蝗虫的两颗大板牙上同样排列着许多小细齿，蝗虫正是靠这些小细齿来咬断草叶的。这两件事给了鲁班很大启发。于是他就用大毛竹做成一条带有许多小锯齿的竹片，然后到小树上去做实验，结果果然不错，几下子就把树杆划出一道深沟，鲁班非常高兴。但是由于竹片比较软，强度比较差，不能长久使用，拉了一会儿，小锯齿就有的断了，有的变钝了，需要更换竹片。鲁班想到了铁片，便请铁匠帮助制作带有小锯齿的铁片。鲁班和徒弟各拉一端，在一棵树上拉了起来，只见他俩一来一往，不一会儿就把树锯断了，又快又省力，锯就这样发明了。

在鲁班之前，肯定会有不少人碰到手被野草划破的类似情况，为什么单单只有鲁班从中受到启发，发明了锯，这无疑值得我们思考。大多数人只是认为这是一件生活小事，不值得大惊小怪，他们往往在治好伤口以后就把这件事忘掉了。而鲁班却有比较强烈的好奇心和正确的想法，很注意对生活当中一些微小事件的观察、思考和钻研，从中找到解决问题的方法和思路，甚至获得某些创造性发明。这告诉我们一个道理，留意生活中许多不起眼的小事，勤于思考，会增长许多智慧。

二、生活本来丰富多彩

现代生活的快节奏、高速度，往往使人陷入一种浮躁而阴郁的心境：青少年早上起来匆匆洗漱完毕，胡乱吃点儿早点或者干脆什么也不吃，便急着去上学，一日除了三餐和学习之外便是睡觉，许多曾经有过的兴趣爱好都不知不觉地消失了，晚上回来只能瞧瞧电视，日子似乎乏味透顶；一天下来，总感觉没有时间静下心来好好看书、学习……

的确，生活是绚丽多彩的，然而人生却是十分劳累的。多姿多彩的生活如流水一般地在我们烦恼的叹息中悄然逝去。想一想，有多少灿烂的日出与壮丽的黄昏，就这样被我们毫不吝惜地打发掉。因为我们的呆板与僵化，沸腾的生活在我们眼中和手里变成了一本难念的经，成了一枚又苦又涩的青果……

你如果想得到快乐，享受快乐，那么就必须知道什么是快乐。心理学家指出，那是主观上的安定状态——满足的感受。当我们感到快乐的时候，就会喜爱自己，热爱生活，从生活中享受乐趣，感受到生活的多彩多姿。

快乐经常与许多事情相联系，如好运气、好名声……但是，这些并非全部与之相关。毫无疑问的是，如果我们陷入贫穷的境地，经常会痛苦不堪，我们遭到别人的诽谤，也会气愤难忍。但是，当这么多负面的东西都没有，难道我们就会幸福吗？也未必。

在这个世界上，最富有的国家里，他们的收入与他们的快乐之间没有必然的联系。相反，那些最富有的人的苦恼反而更多。

其实，命运对于每个人而言都是很公平的，主要就看你的心境如何。古时候，一位老和尚有个老爱抱怨的弟子，老和尚决定要开导他一番。有一天，老和尚派这个弟子去集市买一袋盐。弟子回来后，老和尚吩咐他抓一把盐放入一杯水中，待盐溶化后，喝上一大口。弟子喝完后，老和尚问："味道如何？"弟子皱着眉头答道："咸得发苦。"随后，老和尚又带着弟子来到湖边，吩咐他把剩下的盐撒进湖里，然后说道："再尝尝湖水。"弟子弯腰捧起湖水尝了尝，老和尚问道："什么味道？"弟子答道："纯净甜美。"又问："尝到咸味了吗？"弟子答道："没有"。老和尚点了点头，微笑着对弟子说道：生命中的痛苦是盐，它的咸淡取决于盛它的容器。"这则故事虽然看起来十分简单，但它的寓意很深。老和尚的那个爱抱怨的弟子，在老师的教导下，明白了一个真理，同样是一包盐，当溶于一杯水的时候，尝一口咸得十分难受。可是当其溶于一湖水中的时候，却丝毫感不到咸的滋味。由此我们得出一个有关人生的道理，生活中固然有不少烦恼与痛苦，只要善于扩展心胸，把以前认为特别严重的事情看淡，把过去无法放下的困扰渐渐解脱，我们的困境便会出现奇妙的改变。当心胸拓展到了相当宽广的时候，我们就会摆脱烦恼、忧愁，痛苦的人生就会转变为幸福、喜乐的无悔人生。

如今为了适应所谓的时尚，很多人抛却了自己多少美好的心境，而违心地干了不少傻事。他们拼命追求那总像脱缰野马般的物欲，然而到头来却几乎被欲望的巨口吞噬，这些人究竟为什么虐待自己呢

其实，只要你认真地看看生活的空间，重新审视一下你周围的一切，包括你窗前的那丛翠竹，飞过你头顶的燕子，还有不远处的那条小溪，你便会发现，你的日子并非枯燥无味，你的生活并非毫无光彩，你其实是完全可以过得很不错的。

生活的平淡无味，并非生活本身的过错，而是你没有用心灵去创造它。只要你善于去发现它，你便会明白在表面看来似乎没有什么新奇的日子后面，

其实有着无尽的乐趣。譬如说，走出户外，到田野里去看看吧，那天边的一抹云彩，那草丛中的一朵野花，那逗弄着你鬓发的一股轻风，哪一样不令人爽心悦目？或者你从野外回来，把屋子里外整理一遍，翻一翻许久不曾想起的相册，给远方某一位朋友写一封信，为家里哪一位亲人过一次生日等，这样你认真地一件件去做了，生活还会枯燥难熬的吗？

快乐是自己给自己的，只要你想快乐，没有人可以把它从你那里夺走，因此你要学会给自己快乐，每天用微笑诠释你的快乐！每天微笑多一点，每天快乐就多一点，一件挺难的事儿，一个微笑，或许就变得简单许多，微笑还可互相感染，你身边的人从微笑中也会变得自信起来！

具有快乐心态的人在任何情况下都能快乐起来。一次，美国前总统罗斯福的家被盗，丢失了许多东西。一位朋友知道后，就马上写信安慰他，劝他不必太在意。罗斯福给这位朋友写了一封回信，信中说："亲爱的朋友，谢谢你来安慰我，我现在很平安，感谢生活。因为，第一，贼偷去的是我的东西，而没伤害我的生命，值得高兴；第二，贼只偷去我的部分东西，而不是全部，值得高兴；第三，最值得庆幸的是，做贼的是他，而不是我。"

对于任何一个人来说，被盗绝对是一件不幸的事，但是，罗斯福却找出了感谢和庆幸的三个理由来快乐。所以，如何在不利的事件中看到其有利的一面、在消极的环境中看到积极的因素、在茫茫的黑夜里看到希望的黎明、在凄风苦雨中看到美丽的彩虹……这是一种处世哲学，也是生活中的大智慧。

有人会说了，谁不想让自己过得快乐点啊，我们也知道自己快不快乐关键在于自己的心态、自己的态度，可是我们就是没有办法说服自己，让自己快乐，我们总是感觉有好多事情让自己不快乐，我们该怎么办呢？

专家已经指出，青少年要想让自己在学习中感觉到快乐，那就必须从自身的修炼开始做起，青少年要尽量做到如下几点。

1. 抓住现在，从这一刻起，我就要快乐

很多人经常会想：从明天起我要做个快乐的人，从明天起我会好好学习。那么，既然想到明天，为何不从现在就开始呢？从现在开始，就是要打破那种拖延的症状，让我们立即与不快乐断绝。我们所能掌控的时间就是现在！

2. 追求自己的快乐

我们若是一整天都埋头在作业中，没有其他时间做别的事情，我们没有时间看电视，没有时间跑步，整天都会在枯燥无味中度过。因此，作业学习再忙，我们也要寻找点自己的乐趣。我们大可以把“我要快乐”这张小纸条贴在墙上、镜子上。每当看见它，就会振奋精神，提醒自己快乐起来。快乐隐藏在生活的各个角落里，就看我们怎么去发掘。

3. 数数你的那些快乐事

当今的世界上有太多的事情了，我们要珍惜现在的一切。许多人告诉我们，一定要学会感激。生活中许许多多令人感到快乐的事情，都会令你感到惊讶。你可以数数你所见到的城市中的趣闻，这样会令你开怀。再者，发生在同学中的趣事，也可能会令你忍俊不禁。

4. 学着改变自己

按照自己的意愿发展，接受现在的生活，这是生命的一部分。看看自己现在的学习和生活，仔细考虑一下，我应该怎样调整？需要客观地考虑一下，我可以调整什么？最好能接受什么？若是对学习感到厌烦，那么就要仔细思考一下我为的是什么？若是我们都有目的，有决心，有毅力地进行学习和做事情，又何来忧愁和困扰呢？

5. 培养自己的爱好

著名作家赫胥黎曾经说过，快乐是一种副产品，是在做其他事情的过程中获取的东西，因此，那些快乐的人未必是整日忙碌，但是他们却是乐于忙自己热心的东西。当专注于干自己喜欢的事情时，我们就没有理由不快乐。

6. 与朋友联系

生活中一个人难免孤独寂寞，但是经常与朋友联系，却是能改善自己的心境。可以经常与朋友做一些有意义的事情，比如一块去参观博物馆、打打球、跑跑步等，这些都会使你得到意想不到的收获。

7. 一定要看到事物中好的一面

大家平时称赞一个人是乐观的，并不是说他没有忧愁，而是说他身处逆境还是看到事物好的一面。经过研究发现，乐观的人总是会比其他人更加实际，而且更能坦然接受坏的消息。大家肯定会对一个每天都沉浸在忧愁和焦虑中的人不满意，相反非常喜欢与一个乐观的人在一起。

加利福尼亚大学的研究人员曾发现，快乐的人更容易获得事业成功。该研究科目的带头人索尼亚说："导致这种现象的原因很可能是快乐的人经常会有积极的情绪，这种情绪能够激励他们更主动工作，接受新的知识。当他们觉得快乐的时候，会觉得很自信、乐观、精力充沛，这样会使他们更有亲和力。"

从心理学的角度看，这个研究结果是有道理的。具有良好心理状态的人，能够更好地把有限的心理能量投入到外界建设性的事务中去，能够更自然地开展工作，更大地释放自己的潜能，提高工作效率，这对于取得成功是相当重要的因素。而那些不快乐的人，消极的情绪会降低工作效率，而消极情绪背后的心理冲突常常会大量消耗有限的心理资源，"内耗"大了用于从事建设性工作的精力自然就会减少，如同电脑被病毒感染以后，CPU 的系统资源大量被占用，正常的程序自然就会运行缓慢并容易"死机"。

如此，我们还有什么理由不快乐呢？调整好自己的心态，树立热爱学习的态度，让我们勇往直前吧，无论多大的风雨我们都不怕，因为快乐是自己给自己的，我们有权掌握自己的快乐砝码！我们可以做到，我们会以微笑诠释我们的快乐！

三、告别过去

很多人都会对自己的过去难以启齿，有时谈起来甚至会有些羞愧。那么你长久以来一直生活在过去的阴影中吗？下面的事例和心理学专家的相关建议，将教会你如何改写自己的人生故事，获得幸福的人生结局。

45 岁的小鹏知道自己就像个会走路的定时炸弹，他患有心脏病、高血压，胆固醇偏高，体重超标，还有抑郁症和神经性胃炎。其实小鹏自己也知道为了健康，应该改变一下生活习惯了。但是，他总是抱怨道：

"我就是做不到，虽然每次我都制订了一些计划，但由于失去自制力，最后计划不了了之。"小鹏经常苦恼地提及这件事情。不久，他去看了心理医生，医生在对他的治疗过程中发现，小鹏的情形和他曾经遭受过创伤的童年有关：他6岁时，目睹了父亲的去世，两年过后，母亲嫁给了一个天天喝酒的人，他也目睹了母亲经常挨打的场面。

小鹏解释说，自己无法真正地改善健康状况，除非能够忘掉童年的那些伤疼和愤怒。因为，过往的伤痛已经吞蚀了他。

其实每个人或多或少都会有些不愉快的经历，都会有些难以释怀的往事和无法抹平的创伤。心理学专家已经证明，如果你不能完全抛弃过往的伤痛——无论是身体、精神还是情绪上的伤害，那些不愉快的经历就会在10年后给你的身体健康带来严重的影响。"过去的'不好'的经历会给我们带来愤怒、焦虑和沮丧，还会引起嗜食、吸烟等不良生活习惯。那些没得到解决的情感伤痛所带来的慢性压力，会破坏我们的免疫系统、循环系统、心胃功能、荷尔蒙水平，身体的其他器官都会有所影响。"医学专家警告道。

经过一段时间的治疗，小鹏渐渐对过去释怀，自己对未来也充满了信心。小鹏也一点点地改变了生活习惯，身体也逐渐好起来了。

人的身体和大脑都是一个有弹性的物体，完全有能力治愈过去的旧伤，告别过去所带来的伤害。

1. 重塑过去

著名雕塑家罗丹曾经说过，"对于我们的眼睛，不是缺少美，而是缺少发现。"因此，在现实世界中，只要用心去发现，我们总能找到一些光彩的地方，我们总能找到过去逆境中的价值，也可以压制一些有害的部分，来逐步疗伤。虽然我们没有能力去改变自己的过去，但是可以控制现在对它的感受。当你脑中涌入烦恼的事时，不要再习惯性地按照你过去的方式去处理，先暂停一下，深深地呼吸，然后换个角度重新来解释它们。问一下自己："以前那些经历是如何帮助我变得更坚强的？它教会了我哪些重要的人生教训？"比如说，许多人都曾经说过，感谢过去经历的那么多，让我能够感恩现在。

2. 不要不好意思

大家在日常生活中，做某些事情的时候，经常会不好意思。但是，不好意思就会令你丧失很多机会。

与懊悔和内疚不同，羞愧并不是因为你做了什么而让你感觉很差，这种感觉关乎你对自己本身的一个看法。"羞愧好似精神癌症，"心理学专家说，

“它会让你感到自己是没有价值和不可爱的，这样你会很难获得幸福。”

许多人由于有过一些不受重视、不被尊重的体验，因此这种羞愧感往往会导致人们为了减轻苦恼而产生一厢情愿的“精神承诺”，比如说：“只要我喜欢父母，他们就会对我更好一些。”或者是：“如果我关闭自己的所有感觉系统，我就不会有痛苦感了”。或者：“如果我一直都对他人和善，就不会有人再伤害我了”。

赶快停止这些隐藏的契约吧，到头来它们会给你带来更大的伤害，专家的建议是：“先鉴定出哪些是你自己一厢情愿做的承诺，然后努力去打破这些承诺。你要记住羞愧永远是一个谎言，你值得被人爱被人尊重。”

有时，若是想改变羞愧，可以在没人的时候大声地读书，这样久而久之，你就会逐渐克服。

3. 适度释放痛苦

科学研究发现。那些把让自己不愉快或受到伤害的过去写下来、说出来的人，他们生病的概率更低一些，免疫力也更强，因此，抽个时间把那些你认为给你带来不愉快感受的事写下来，或者是给每个曾经伤害过你的人写封信，除了你以外，没人需要去读这些信，所以不用遮遮掩掩，或者去担心你的拼写是否正确，文法是否好，只需把藏在你身体内的所有的愤怒都倾泻出来。有时，找个没有人的地方发泄一下，也是个好的途径。

4. 不要再后悔

后悔，就是为了自己过去的作为或行为举止不适合或不能适应现在的需求或为了没有做到的事而感到懊悔。很多人对那些已经发生过的事情持续、重复地感到后悔，比如：“如果我……就好了。”或者：“我当初应该……”这种状态会破坏你的身体健康和内心的平静。“健康生活的最重要的一部分就是停止对过去错误的自责。”心理学家说。相反，你得原谅自己，从中得到一些教训，然后决定在将来不再犯这些错误。回顾那些让人可惜的举动，回忆过去你的样子，哪些是你知道的？哪些是你不知道的？什么才是你当时真正的选择？通过回顾这些完整的假定的情节，你会发现在当时的环境下，你并没有什么大错。

5. 跳出悲伤

人类情感上的伤口其实跟身体上的擦伤或者是骨折一样真实，修复它们需要经历悲伤的三个阶段。心理学家说，第一个阶段是震惊和否认，接下来是愤怒、害怕和悲伤，最后才是理解和接受。你可以沉浸在第一个阶段，否认你的痛苦或者是麻木你的感觉；或者是你越过这个阶段，直接陷入消沉、愤怒或者是害怕中。但上面这两种情况，你对悲伤的修复都不会完整。

不管亲人逝世发生在多久以前，至关重要的是让你感觉到你曾经压抑了这种情绪。如果你失去了一个深爱的人，试着给他写下一封告别信，在信中表达你的一切感受，而不仅仅是悲伤和爱意，还有愤怒、害怕，以及别的一些情绪。

6. 学会接受

如果说过去的伤害会对你永远有影响，那就只有一种可能：是你自己在脑子里不停地重复那一幕。这就像带着结局会更改的希望，一遍又一遍地看同一部电影，“哀叹命运不济对忘掉过去是毫无帮助的。”心理学家指出，“真正的内心平和来自接受曾经发生过的一切，然后让它随风而逝。”

7. 培养感谢的心情

比接受更好的态度是感谢。不管过去发生了什么事情，你都把它当作一份礼物而心存感激。这样，你甚至会发现自己哪怕身陷烦恼都会有一份好心情，因为它让你又多了一份人生经验。

8. 改掉责备的习惯

把你自己遇到的问题怪罪到别人身上或者是你过去经历的事上，这意味着你对发生在自己身上的事没有责任心。它保护你不会自我怀疑，让你对别人产生一种安逸的同情心。但从另一个角度讲，只会怪罪于他人同样会产生一种慢性的怨恨，这会损害你的身体和精神健康。

“责备对你忘掉过去起不到任何作用，它是你选择了停止的一种表现。”专家说。不去责备并不意味着那些曾经伤害过你的人从此心安理得，你用不着原谅他们，或者是与这些人和好。

9. 找到内心的平静

不管你过去有怎样的创伤，你总能在内心中找到一块和平安详之地。如果你能开启这个源头，你曾经的压力就会小很多，你的大脑会清晰，有更新的解决问题的方案。其实有数不尽的办法可以创造平静：练瑜伽、冥想、在自然中散步、洗热水香氛浴、按摩，听抚慰人心的音乐、祈祷、回忆令人愉快的事情等。

10. 创造让人满足的未来

如同老话说的那样，自己生活得好是对伤害你的人最好的复仇。实际上你才是你自己生命故事的创作者，只要你愿意，任何时候都可以开始一个新的篇章。

专家建议花上一些时间，来幻想一下你所渴望的生活究竟会是个什么样子，然后用文字把它描述出来，一两天过后，用你现实的目光再来审视一下你的梦想。

为了让梦想成真，你得做些什么呢？在今年里，你能够达成的目标是什么？现在你需要采取什么步骤？你可以创造一个如此丰富的人生，充满意义和理想，这样过去所留下的痛苦将失去它对你的刺激。

小的时候，总是以为日子过得很慢，随着年龄的增长，在青春的烂漫时光中突然发现，时间变成无情的巫婆，打破了儿时最美的梦想，开始惊叹时间的流水而过。

曾经有人说过，童年是一个人一生中最美好的时光，当身旁的伙伴渐渐地长大成熟时，我依然活在已逝去的天真少年里，真正拥有的只是一具四肢发达的躯壳而已。健硕的身体肩膀并不稚嫩，却总担负不起应该担当的重量，在生活的熔炉中依然没有半点被渲染的色彩，依然是单色的白色，那是惨白的白！为此我是庆幸还是悲哀呢？这有点“为赋诗词强说愁，空留郁闷在心头”的味道。

总是不小心地回到过去，露出不经风雨的笑容，说出没有根据的话语，难道自己早已习惯这种性格，可见习惯是如此可怕！

一味地去抱怨，为什么不去尝试改变它，不去从另一角度思考？为什么不给自己一个努力的机会而就去否定它呢？不要再活在那些不存在的世界里，看看外面的太阳吧！那些在我们看来每天都是一样的太阳，总是乐此不疲地升起降落，总是从清新的早晨到暖暖的黄昏。看看那些青草红花，总是冬去春来，迎接明天的新时光，在它们的眼里只有明天才是重要的，只有给予明天的美丽才是它们想要的！

给自己一个机会，尝试着努力去改变，哪怕是努力地给身旁的他人一个微笑，你也能发现你的微笑会给自己一种自信！尝试着去认真，认真地做好每一件事，哪怕是认真地捡起脚下的一片黄叶，你也能体会到你的认真带给自己的一份美丽。尝试着去坚持，坚持去做你想要做的每一件有意义的事，哪怕是坚持去做儿时曾经梦想的一件手工，你也能发现你的坚持会给自己带来成功！

不管过去是美好还是悲哀，它终将过去，也只能是过去，或许你从没想过要告别过去，但你必须要告别过去！

四、不盲目挑战

人生总要面对许多挑战。但是，面对生活不能无目的地去做，而应该正视自己的方向。青少年现在处于学习拼搏的阶段，若是不能够持之以恒地学习，坚强地面对学习中的各种困惑与苦恼，就很难真正活出自己将来的人生。

一个出色的运动员，若是没有经过艰苦的训练，就不可能取得好的成绩。一个演员，没有经过无数次的练习，也很难演出动人的节目。一个青少年，若是不能勇敢面对自己的学习压力带来的挑战，又怎么能取得学业上的进步？现实生活中，这类例子比比皆是。

事例一

李嘉诚的儿子李泽楷，十几岁的时候就被父亲送到美国斯坦福大学学习电脑专业。当时，李嘉诚将不少钱存进他的账户，并告诉他若是没有钱用，那就取账户里的钱。李嘉诚还经常打电话问，生活怎么样。

尽管李泽楷过得艰苦，但是，他始终没有取过一分钱，他的妈妈也经常偷偷存钱进去，让他不要亏待自己，这些都未能动摇他的决心。李泽楷知道，父亲是为了考验他。初到美国，人生地不熟，华人首富的儿子也只好得找一份洗碗的工作来维持日常，每天还要忙于学习。李泽楷经常瘦成皮包骨头。

就这样，不知不觉中几年的时间过去了。李泽楷学成归来，进了李氏集团的企业。可是，李嘉诚却只让他做一个普通工人。当时，李泽楷也有些生气。不过，他冷静下来后，就明白了父亲的良苦用心，踏踏实实地做起来，最终成了商业圈里有影响力的人物。

倘若李泽楷在上学时，随便挥霍自己的青春，不明白父亲的良苦用心，没有踏踏实实地去谋生、学习，也不会有现在的成就。

事例二

著名生物学家童第周就是从小就有志向的人。童第周出生在浙江省鄞县的一个小村里，家庭生活十分贫困，没有钱进学校读书，只能在家里边做些农活，边跟父亲学点文化。直到 17 岁，才在二哥的帮助下，进了宁波师范预科。可是第一学期考试成绩总平均分没有及格，学校让他退学或降级，经童第周再三请求，学校勉强答应让他试读半年。童第周发誓，一定要把成绩赶上去。童第周坚持顽强地学习，终于取得了好成绩。在进入上海复旦大学以后，他更加勤奋学习，临近毕业时，他已经成为生物系的高才生。童第周认识到，世界上没有天才，天才是用劳动换来的。要攀登生物学的高峰，需要付出更艰苦的劳动。

1930 年，童第周在亲友们的资助下，远渡重洋，来到北欧比利时的首都——布鲁塞尔。在欧洲著名生物学者勃朗歇尔教授的指导下，研究胚胎学。当时，他发现有的外国青少年对中国人抱着一种藐视的态度，说“中国人是弱国的国民”。和他同住的一个洋人公开说：“中国人太笨。”听到这些，童第周再也压抑不住满腔的怒火，对那个洋人说：“这样吧，我们来比一比，你代表你的国家，我代表我的国家来和你比，看谁先取得博士学位。”

童第周憋着一股气，在日记中写下了自己的誓言：“中国人不是笨人，应该拿出东西来，为我们的民族争光！”

研究胚胎学，经常要做卵细胞膜的剥除手术，有一次做实验，教授要求学生们设法把青蛙卵膜剥下来，这是一项难度很大的手术，青蛙卵只有小米粒大小，外面紧紧地包着三层像蛋白一样的软膜，因为卵小膜薄，手术只能在显微镜下进行。许多人都失败了，他们一剥开卵膜，就把青蛙卵也给撕破了。只有童第周一人不声不响地完成了这项实验任务。

勃朗歇尔教授知道这件事情后，特地安排了一次观察实验，把学生们都喊来一起观察。实验开始了，童第周不慌不忙地走到显微镜前，熟练地进行着操作着。大家看到，他像钟表工人一样细心，像绣花姑娘一样灵巧，像外科医生一样一丝不苟。在显微镜下，他先用一根钢针在卵上刺了一个小洞，于是胀得圆滚滚的青蛙卵马上就松弛下来，变成扁圆形的，再用钢镊往两边轻轻一挑，青蛙卵的卵膜就从卵上顺利地脱落下来了。他干得又快又利落。

“成功了！成功了！”同学拥上去祝贺，勃朗歇尔教授更是激动万分，这是他搞了几年也没有搞成的项目啊！他抑制不住内心的喜悦，连声称赞：“童第周真行！中国人真行！”童第周剥除青蛙卵膜手术的成功，一下子震动了欧洲的生物界。4 年之后，通过答辩，比利时的学术委员会决定授予童第周博士学位。在荣获学位的大会上，童第周激动地说：“我是中国人，有人说中国人笨，我获得了贵国的博士学位，至少可以说明中国人绝不比别人笨。”在场的教授纷纷点头，有的还伸出大拇指。而那位洋人却一篇论文也没有，更谈不上当博士了。

1937 年抗日战争爆发，童第周谢绝了专家和同学们的挽留，毅然回到了灾难深重的祖国。他来到四川宜宾一个村镇教书。在紧张的教学中始终没有忘记搞科学研究。可是，这里没有科学仪器，连一架显微镜也没有，没办法继续开展胚胎学的研究工作。一次意外的发现给他带来了希望：他和妻子在小镇的旧货摊上看到了一架旧显微镜，但要价太贵，当时他们夫妻俩掏尽了口袋还凑不足一半，又向别人借了一些还不够，最后只好把他们的衣服拿去典当，好不容易才买回这架旧显微镜。

有了显微镜，但没有所需要的灯光照明，还是不能进行操作。他们只好把显微镜搬到室外，冬天利用雪地微弱的反光，他忘记了寒冷在聚精会神地工作着。夏天烈日当头，汗流浃背，甚或汗水滴在视镜上模糊了视线，或是风把一粒小沙子吹进了载物器，甚至占据了整个视野……童第周仍然坚持攻关。一般说来，每一个实验数据都要重复一两次，而他往往要重复五六次。然而，就在这简陋的显微镜下，在这低矮的小土屋里，童第周却撰写了一篇篇具有学术价值的论文，震惊了国内外生物界。

1973 年，在周总理的亲切关怀下，童第周和他的伙伴们开始了细胞遗传学的研究工作。他在解剖显微镜下，用比绣花针还细的玻璃注射针，把从鲫鱼的卵细胞中取出来的遗传因子，注射到金鱼的受精卵中。金鱼的卵还没有小米粒大，做这样的实验该有多难啊！可是童第周成功了，结果孵化出的幼鱼中，有一条鱼披着金色的鳞片，长着鲫鱼那样的单尾巴，说明鲫鱼的遗传基因，已经在金鱼卵中发生了作用。这种鱼因为是童第周创造出的，因此，人们叫它“童鱼”。童第周的实验成果，给生物学做出了巨大贡献。

第七章

向失败挑战
——做个勇于面对失败的青少年

一、人生总要面对失败

青少年在成长的人生道路上，总会遇到这样或那样的挫折和失败，面对这些挫折和失败，一定不要怨天尤人，垂头丧气，而应反其道而行之，勇敢面对一切困难和失败。由失败中奋发图强成功的人不在少数，而且一直备受人们的尊敬。古代越王勾践卧薪尝胆的故事就家喻户晓。

公元前496年，吴王派兵攻打越国，被越王勾践打得大败，吴王也受了重伤，临死前，嘱咐儿子夫差要替他报仇。夫差牢记父亲的话，日夜加紧练兵，准备攻打越国。过了两年，夫差率兵把勾践打得大败，勾践被包围，无路可走，准备自杀。这时谋臣文种劝住了他，说："吴国大臣伯嚭贪财好色，可以派人去贿赂他。"勾践听从了文种的建议，就派他带着珍宝贿赂伯嚭，伯嚭答应和文种去见吴王。

文种见了吴王，献上珍宝，说："越王愿意投降，做您的臣下伺候您，请您能饶恕他。"伯嚭也在一旁帮文种说话。伍子胥站出来大声反对道："人常说'治病要除根'，勾践深谋远虑，文种、范蠡精明强干，这次放了他们，他们回去后就会想办法报仇的！"这时的夫差以为越国已经不足为患，就不听伍子胥的劝告，答应了越国的投降，把军队撤回了吴国。吴国撤兵后，勾践带着妻子和大夫范蠡到吴国伺候吴王，放牛牧羊，终于赢得了吴王的欢心和信任。三年后，他们被释放回国了。

勾践回国后，立志发愤图强，准备复仇。他怕自己贪图舒适的生活，消磨了报仇的志气，晚上就枕着兵器，睡在稻草堆上，他还在房子里挂上一只苦胆，每天早上起来后就尝尝苦胆，门外的士兵问他："你忘了三年的耻辱了吗?"他派文种管理国家政事，范蠡管理军事，他亲自到田里与农夫一起干活，妻子也纺线织布。勾践的这些举动感动了越国上下官民，经过十年的艰苦奋斗，越国终于兵精粮足，转弱为强。

再说吴王夫差自从战胜越国后，以为没有了后顾之忧，从此沉迷于西施的美色，过着骄奢淫逸的生活。他又狂妄自大，不顾人民的困苦，经常出兵与其他国家打仗。他还听信伯嚭的坏话，杀了忠臣伍子胥。这时的吴国，貌似强大，实际上已经在走下坡路了。公元前 482 年，夫差亲自带领大军北上，与晋国争夺诸侯盟主，越王勾践趁吴国精兵在外，突然袭击，一举打败吴兵，杀了太子友。夫差听到这个消息后，急忙带兵回国，并派人向勾践求和。勾践估计一下子灭不了吴国，就同意了。公元前 473 年，勾践第二次亲自带兵攻打吴国。这时的吴国已经是强弩之末，根本抵挡不住越国军队，屡战屡败。最后，夫差又派人向勾践求和，范蠡坚决主张要灭掉吴国。夫差见求和不成，才后悔没有听伍子胥的忠告，非常羞愧，就拔剑自杀了。

到了后代，有人为了自勉还写了一副对联：有志者，事竞成，破釜沉舟，百二秦关终属楚；苦心人，天不负，卧薪尝胆，三千越甲可吞吴。专门记载了这件事情。

有人说，"天空不留下鸟的痕迹，但我已飞过"，这不是对坦然做出的最好的诠释吗？是的，许多事的成败得失是我们不可预料的，我们只需尽力去做，求得一份付出之后的坦然和快乐。对于许多人，我们都捉摸不透，防不胜防，往往是我们想走近，别人却早已设下屏障。我们不必计较，我们唯一能做的是，在我们必须面对他们的时候，奉上我们的真心，然后铭感自己的博大。许多选择如果能让我们抓住，就有可能抵达成功，但我们一次又一次地失去机会。没有关系，那只是命运剥夺了我们活得高贵的权利，却没有剥夺我们活得伟大的权利。

坦然是一种失意后的乐观，坦然是一种沮丧时的调适，坦然是一种平淡中的自信。

宋代诗人苏轼，因“乌台诗案”被贬为黄州团练副使，但他却没对生活失去信心，失去乐趣。被贬之后，他游山玩水，尽情享受着接近自然的生活。虽有“寄蜉蝣于天地，渺沧海之一粟。哀吾生之须臾，羡长江之无穷，挟飞仙以遨游，抱明月以长终”，他也知“不可乎骤得”。于是他就“托遗响于悲风”，仍在赤壁之下“举酒属客，诵明月之诗，歌窈窕之章”。欣赏着“月出于东山之上，徘徊于斗牛之间。白露横江，水光接天”。他把自己遭遇的挫折全都抛在脑后，享受着自己想着的事。敢直面挫折，化解痛苦，这是苏轼生活如此快乐的根本。

与他有着相似命运的李煜则大不一样，他可不是可敬的斗士，甚至不及“乐不思蜀的阿斗，多少有几许潇洒”。问君能有几多愁——痛苦的涟漪无限扩张，终于招来了杀身之祸。

由此可见，当我们遭遇挫折时，应该坦然地面对挫折，而不是一味地放大痛苦，让自己越陷越深，最后不能自拔，荒废人生。

生活道路漫长，挫折随处可遇，在我们身边常见到有的人成功了欣喜若狂，遇到困难则悲观失望。实际上，人的一生要经历许多事情，失意与挫折只是其中很小的一部分，有这样一句歌词：“要生存，先把泪擦干；走过去，前面是个天。”

有个人在成年后突然双眼失明，他绝望了，直至碰到另一个盲人，这个人对他说：“哦，你知道，你可以从洗自己的袜子开始。”于是，他摆脱了绝望……

许多人曾陷于极度迷惘的困境中，可一旦摆脱了它，却得到了意想不到的欢乐和力量：保护你的热情，不管它是多么脆弱！

有个人到医院去检查身体，医生告诉他得了癌症，只能再活三个月。他很沮丧，就推掉一切应酬，静静地待在家里休养，这时他才发觉：家里原来这么温暖。于是他走向野外，仔细领略阳光，细观溪流。世界真的很美！他度过了生命中最快乐最充实的三个月……

大自然的消长在冥冥中都注定了，人生又何需事事强求呢？坦然面对挫折，你会觉得一切都是美好的。能否勇敢面对生命的巨大挫折，往往是一念之差。“以寻死的心活着”的禅语即是“大死一番”“悬崖撒手”，这种决然的心情，往往能冲破牢关，创造出新的生命境界！

面对挫折，我们应该坦然相对。成功固然可喜可贺，但挫折同样可以磨砺意志，让你振作精神，奋发图强，诚如国务委员陈至立所言：“人生中有顺利、成功、幸福的日子，也总有曲折、失败、痛苦的时候。成功和幸福自然是每个人都渴望获得的东西，但曲折和磨难却是人生另一种宝贵的财富。顺利成功时不沾沾自喜，忘乎所以；遇到曲折不消极悲观，怨天尤人。以平和的心态对待人生和世界，不大喜大悲，大起大落。”

一个故事，总要留点遗憾才有令人感动的美丽；一种结局，常需存有惋惜方显言尽意无穷之意；一个人，往往在经受住挫折和磨难后才会变得更加成熟。

挫折使人思索，逼人明智，使人练达；挫折可以使人懂得生命之不易，从而对每一份收获都弥足珍惜。正如古人所说，要成就一番大事，必先苦其心志，劳其筋骨，饿其体肤，空乏其身，行弗乱其所为。

挫折纵然无情，却给人无尽的砥砺；失败固然残忍，却使人趋于顽强。当乌云压顶时，我们首先应该想到的是乌云过后将是一个丽日蓝天的新世界，不管生活赐给我们的是成功还是失败，是痛苦还是欢乐，我们都要伸出双手去迎接它，而不是选择逃避和退缩。

坦然面对挫折，可以振奋一个人的精神，人生犹如登山，挫折好比通向山巅的必由之路，如果害怕它，就永远不能到达光辉的顶点，只能在山脚下徘徊空转。

二、找到解决问题的办法，相信方法总比问题多

现实生活中，难免会遇到很多问题。关键是怎么解决。其实，对于青少年来说，解决问题本身并不是最重要的，最重要的是要有解决问题的思维和方法。

事例一

今天是考试的日子，玲玲早上到学校特别早，翻开书包她突然发现没有带铅笔。没有铅笔怎么办呢？着急得她都快哭了，她立刻打电话给妈妈，让妈妈给她送来。妈妈一听，立刻说：“现在妈妈不会给你送铅笔，这个问题解决的办法很多，你先自己想办法解决吧。买或者是借不是都能解决吗?”于是，玲玲发现兜里还有零钱，就去买了一支，顺利地解决了。

顺利考完试，回家之后，玲玲对妈妈有些不以为然。妈妈耐心地说：“遇到问题后解决问题的方法有很多，比如说今天早上你突然发现没有带笔，最简单的办法就是给爸爸妈妈打个电话，让我们你送过来就行了。”玲玲点头。妈妈问：“还有没有其他解决问题的办法?”

玲玲说：“买一支，或者借。”

妈妈说：“对。遇到问题先想想怎么解决。今天早上若是给你送，万一路上堵车，去不了，你会一直等吗?”

玲玲说：“不会。我估计会去买一支。”

“那若是你没有带钱呢?”

“那我就去借铅笔呗或者借钱买铅笔。”

玲玲遇到的类似问题，现实社会中我们也会经常遇到，但是，该怎么处理，方法却是比比皆是。因此，我们可以用一个简单的顺序把这些事情处理好。

我们需要解决的问题是什么，解决问题有哪些方法。解决问题的最好的办法是什么?

有这样一个故事，说明了同样一件事情解决的方法却大不相同。

事例二

日本一家很大的化妆品公司接到了一份投诉，上面说他们的一些肥皂盒是空的，里面根本没有肥皂。

为了避免类似事情再次发生，公司派出了好几名专业研究人员对“空皂盒”问题寻找解决方案，耗费资金上百万，经过两个月时间的调查和研究，终于研制出来一套 x 射线装置进行辨别，解决了空皂盒问题。

另外一家很小的企业也出现了这样的问题，虽然没有庞大的资金来购买已发明的 x 射线装置，但是，他们也同样解决了这一问题：他们只是在生产线终端放上一台大功率的电风扇，当空皂盒出现的时候就会被电风扇吹走，同样也避免了空皂盒问题的出现。

我们可以发现，任何问题，都有不止一种解决方法。我们应相信的是解决方法总比问题多，只有拥有这样的心态，才有决心和勇气寻找更多解决问题的方式。在这些分析基础上，我们就能够寻找到最好、最适合的方法。因此，不要被问题吓倒，只要用心去找，所有的问题都会得到最好的解决。

三、从不气馁

不管在什么时候，都要积极乐观地对待你周围的一切，无论是成功还是失败，都不要气馁，要鼓起勇气，笑对人生。

俚言俗语 有句俗语：“生活是一面镜子，你对它笑，它也对你笑；你对它哭，它就对你哭！”

一个人，知道自己心上有什么样的“石头”，是清醒的；能搬走这块“石头”，则是勇敢和智慧的。许多人一辈子在原地转圈，生命再也没有亮色，就是因为不知道、不愿搬自己心上那块“石头”。那些搬走心上“石头”的人，往往能够穿过岁月的迷雾，让人生绽放别样的精彩。

事例一

美国前总统林肯的父亲曾以低价在西雅图买了一处农场，农场里有许多石头。林肯的母亲建议把石头搬走。林肯的父亲反对：“那是一座小山头，根本搬不了，要不主人不会便宜卖给我们。”林肯的母亲带着几个孩子开始挖石头。没过多久，石头全被搬走。那些石头都孤零零的，根本没有连着山，挖上一英尺，就能晃动。

林肯的父亲不去搬动那些石头，大概因为他心里也压着一块“石头”。这块“石头”名叫“不可能”。其实，只需一点勇气，只要一点尝试，结果就会完全改变。扪心自问，我们的心上不也压着这样那样的“石头”吗？它们可能是懦弱、懈怠、自私、我不行、没希望、无法比……被这些“石头”压着，就没有冲动，没有干劲，没有渴望。那些及时果断搬走“石头”的人，往往迎来另一片天地。

事例二

卡夫卡从小生活在家庭的阴影里，敏感多疑，内向悲观。最悲观失望时，他甚至将巴尔扎克的格言“我能摧毁一切障碍”改成“一切障碍都能摧毁我”。上大学时，在好友的鼓励和支持下，卡夫卡开始走出封闭，提笔写作，还试着参加文学沙龙。最终，他写出《城堡》《审判》等不朽作品。“孤僻”曾是压在卡夫卡心上的一块“石头”，所幸的是，它被搬走了。

事例三

维克多·格林尼亚出生于豪门，从小过着无所事事、奢侈放荡的生活。年轻时，在一次宴会上，他遇到一个貌美如花的女孩，于是厚着脸皮搭讪。没想到，却被女孩嗤之以鼻。格林尼亚羞愧不已。他不像一般花花公子那样丧心病狂、变本加厉，而是对过去行尸走肉般的生活产生深深自责。通过一番拼搏，他成为化学家，荣获 1912 年诺贝尔化学奖。格林尼亚搬走“骄纵”这块“石头”，改过自新，取得令人瞩目的成就。

事例四

黛米·摩尔是一个勤奋且幸运的女人。她第一次登上荧屏，是在电视剧中演一个小角色。不久，她就在电影中担任主角。《人鬼情未了》轰动一时，使她声名大噪。但 A 级女星的位子还没坐热，她的演艺事业就开始走下坡路。她参演的数部影片惨遭败绩。为了挽救，她甚至不惜牺牲形象，扮演脱衣舞娘一类的“堕落”角色，可还是无济于事。经过深思熟虑，黛米·摩尔不再继续挣扎在舞台上，走到幕后做制片人。由她担任制片人的喜剧片《奥斯汀·威力》取得巨大成功，其续集《王牌大间谍》更是青出蓝而胜于蓝。“偏执”这块“石头”曾一度压在黛米·摩尔心上，如果不搬走，恐怕她到老也无法翻身。

四、下次一定会成功

在传统观念里，失败让人感得沮丧，甚至耻辱。在伤自尊的同时，感到痛苦与迷茫。青少年的心中未必有那么强的承受能力，因此，特别需要鼓足勇气做事。经历过许多事情后仔细想想会发现，其实我们经历的失败都是宝贵的财富。经历的一次次低谷，都是为了下一次崛起与攀登。

每一次的失败，就等于向成功迈近一步；这一次的拒绝，就是下一次成功的开始；这一次皱起的眉头，就是下一次舒展的笑容；今天的不幸，往往预示着明天的好运。

青少年一定要郑重地感谢失败，因为是失败让你认识到自己目前的缺点和不足，是失败让你清楚地认清了真实的自己。一个人虽然尚且不晓得明天会发生什么，但必须满怀信心地迎接即将诞生的朝阳。千万不要以昨天的成功而骄傲自满，否则是失败的先兆，也不要以今天的失败而气馁，青少年一定要坚信，只要生命不息，就一定要坚持到底！

人无完人，每个人都会做错事。可在错误或失败面前每个人的做法不同。很喜欢职场里流行的一句话：聪明人找方法，愚蠢人找理由。这是至理名言。犯了错误，不要紧。在失败面前找出犯错误的原因，找出症结所在，寻找改进的方法，这才是青少年最需要做的！

人的一生从来就不是一帆风顺的，难免会有顺境和逆境。不要把成败看得太重，一旦有了思想包袱就什么事都做不好了。面对挫折应以平常之心去面对，总结经验、吸取教训才是下一次成功的真正开始！

爱迪生在1877年开始了改革弧光灯的试验，提出了要搞分电流，变弧光灯为白光灯。这项试验要达到满意的程度，必须找到一种能燃烧到白热的物质做灯丝，这种灯丝要经住热度在二千度一千小时以上的燃烧。同时用法要简单，能经受日常使用的击碰，价格要低廉，还要使一个灯的明和灭不影响另外任何一个灯的明和灭，保持每个灯的相对独立性。这在当时是极大胆的设想，需要下极大的功夫去探索，去试验。为了选择这种做灯丝用的物质，爱迪生先是用炭化物质做实验，失败后又以金属铂与铱高熔点合金做灯丝实验，还做过上质矿石和矿苗共一千六百种不同的实验，结果都失败了。但这时他和他的助手们已取得了很大进展，已知道白热灯丝必须密封在一个高度真空玻璃球内，而不易熔掉的道理。这样，他的试验又回到炭质灯丝上来了。他昼夜不息地试验，到了1880年的上半年，爱迪生的白热灯试验仍无结果。有一天，他把实验室里的一把芭蕉扇边上缚着一条竹丝撕成细丝，爱迪生全副精力在炭化上下功夫，仅植物类的炭化试验就达六千多种。他的试验笔记簿多达二百多本，共计四万余页，先后经过三年的时间。他每天工作十八九个小时。每天清早三四点的时候，他才头枕两三本书，躺在实验用的桌子下面睡觉。有时他一天在凳子上睡三四次，每次只半小时。

爱迪生将细丝炭化后做成一根灯丝，结果这一次比以前做的种种实验都优异，这便是爱迪生最早发明的白热电灯——竹丝电灯。这种竹丝电灯持续使用了好多年。直到1908年发明用钨做灯丝后才被替代。爱迪生在这以后开始研制碱性蓄电池，其困难很大难以想象，但他的钻研精神，更是十分惊人。这种蓄电池是用来供给原动力的。他和一个精选的助手苦心孤诣地研究了近十年的时间，经历了许许多多的艰辛与失败，一会儿他以为走到目的地了，但一会儿又发现错了。但爱迪生从来没有动摇过，而是一再重新开始。大约经过五万次的试验，写成试验笔记一百五十多本，方才达到目的。

爱迪生经历了上千次的失败，才有了成功的机会。在不断的坚持下，他终于获得了宝贵的成功经验，那么现实中的青少年遇到困难与一次失败，怎么能退缩与不甘进取呢？我们很多时候见到的只是那些人身上的光环，没有见到的是他们每一次失败后付出的巨大努力。因此，接受失败，正视失败，挑战失败，下一次我们就会成功。

第八章

在生活中感受快乐

——做个珍惜生活的青少年

一、饮食健康是好的财富

1. 健康饮食的原因

健康的心理与强健的体魄是青少年取得成功的重要保证。不能否认的是，一个人若是没有强健的身体，三天两头去医院，怎么可能去认真学习？让我们回想一下，曾经有多少次美好的计划，因为生病而泡汤。多少次，因为生病而错失了一次次特殊难得的机会。学习不仅仅是一项智力运动，更是一项体力运动。再者，学习还需要有健康的心理。比如在参加各种考试的时候，如果一开始就有着极大的压力，那么就没法全身心地投入考试。如果仅仅是学习中就表现出如此的紧张心理，那么将来走上工作岗位更会面临无法承担工作压力的境况。

青少年在上中学的时候，正处于身体和心理成长的阶段，身体外形开始发生变化，荷尔蒙也发生改变，学校、朋友等周边环境也陆续发生了变化，都有可能给他们带来压力，如果现在他们处于一种不健康的环境，那么大多数孩子将都难以保持专注，因此这就需要我们好好关注。

青少年在现实生活中经常会发生这样的现象：青少年在运动完又困又乏的情况下，往往会饿得头昏眼花，此时他们又喝了高糖的饮料，致使血糖在运动前就被迅速消化掉，以至于出现我们平时见到的低血糖的现象。

小胖是初一的学生，他喜欢运动，在长跑完之后就吃起了冰激凌，吃完之后半个小时就胃痛，最后痛得快要睡着了。每次医生告诉他不要这样，他口头答应了，但是后来又是如此。这让我们意识到，青少年必须养成良好的饮食习惯。

大多数孩子起床后不吃早餐空腹便去上学，这是一个需要高度重视的问题。其中，绝大多数原因就是，他们总是觉得没有时间。他们宁可把几分钟时间花在床上也不愿意起来专门去吃早餐。也有许多人，觉得根本不需要早餐，其实，这是非常错误的认识，早餐是人的一天中最重要的一顿。正在处于发育阶段的男孩，从前一天晚上 9 点到第二天早上一直没有吃东西，那么他就很难有精力去完成学习任务。

2. 健康饮食的意义

青少年要逐渐养成花 5 ~ 10 分钟在餐桌前吃完早餐的习惯。这是非常重要的习惯，而且对身体健康大有裨益。

孩子们放学后或者课外活动之后，经常饥饿难耐。很多学校在 11 点就开始吃饭了，而他们吃晚饭的时候一般是晚上五六点，这么长的时间，对于一个正在长身体的孩子来说是难以忍受的。因此很多家长都说，很多孩子放学回家的第一件事就是打开冰箱，然后挑选喜欢吃的零食，因为饥饿的缘故，他们不得不挑选一批热量高的食物。但是，这些食物不仅仅会影响他们的健康，还可能影响他们的学习。

其实，吃零食也是有诀窍的，青少年可以把喜欢的零食搭配在一起，比如土豆泥配上胡萝卜，苹果配上杏仁等，这些都是好的搭配，比单一的食物更有营养也更健康。同时，孩子们也愿意接受这种习惯。因此，我们可以说，吃零食也能养成好习惯，而不是说吃零食就是不好的，关键是看我们平时怎么去做。

在日常的饮食习惯中，我们知道，除了一天的三餐要定时，营养丰富之外，对于青少年来说，不应忽略平时一些的注意事项。比如说，众所周知，喝白开水其实是最好的选择。大多数的饮料，无非是在糖水里面加上其他化学添加剂，但是在家庭里应该尽量避免饮用这类的饮料，更应该多喝白开水或者是纯果汁。

经过研究调查表明，青少年的骨骼目前来说比十几年前孩子的骨骼要脆得多，这个结果令很多人担忧。很多人都认为，喝奶会补钙。其实，除了喝奶，还有其他方式。比如说多吃一些豆类产品、坚果等，都是不错的选择。

孩子放学回家后，尽量准备一些烘烤的玉米片等食物。冰激凌尽量不要吃，甜点也尽量放在餐后吃。因为那个时候已不饿了，吃的甜点就不会太多。

二、珍惜自己的生命

记得上学时，一位老师讲述了一件他经历过的事情。一个青少年因为失恋而跳楼自杀了。原来，他总以为自己能一了百了，可是结局是父母二人老泪横流，一直以泪洗面度过余生。身边朋友很长一段时间也难以摆脱悲伤的阴影。因此，老师说，活着，珍惜自己的生命，这是最基本的前提。

珍惜生命是我们每个人都应该做的。现实生活中，我们每每都能看见那些不珍惜生命的人做出种种不理智的事情。珍惜自己的生命，不仅仅是对自己负责，也是对他人负责。

据最新调查分析报告显示，部分在校大青少年在遭遇失恋、求职失败后，曾有过自杀念头；近30%的中青少年在走进校门的那一刻，感到心情郁闷、紧张、厌烦、焦虑，甚至恐惧。

此次调查结果是通过一年多时间对4000多名青少年进行抽样调查后得出的。而国家卫生部在去年“世界预防自杀日”公布的一项调查数据显示，自杀在中国人死亡原因中居第5位，在15岁至35岁年龄段的青壮年中，自杀列死因首位。专家呼吁，生命教育已成为青少年思想素质教育中一项刻不容缓的全新教育课题。研究所在调研中发现，因为缺少生命教育，一些青少年漠视生命存在和价值，容易陷入生存的迷失状态，对自我生命抱有一种无所谓的态度，也不尊重他人生命，甚至轻易走上自杀、自残或伤人犯罪的道路。

心理专家称，一些青少年通常在成绩不好或不理想的情况下，遭遇家长训斥或老师批评，这种状况加重了代沟并增加了孩子的逆反心理，长此以往，一些心理脆弱的孩子可能因此产生轻生念头。安定医院心理专家冯亦颖教授称，以往解释自杀现象及解决自杀问题多为医学心理咨询、精神医学治疗模式，但我们更应解决自杀现象的本源，即治疗方式应转为生命教育的综合性预防方式。生命教育研究专家也认为，生命教育是一种唤醒，唤醒生命的可贵意识，引导青少年认识生命，了解生命的本性、发展规律和成长条件，同时珍爱生命，保持心理和情绪健康。生命教育本质是一种生死观的教育，生命教育要让青少年懂得“生命无价”、珍爱自我及他人生命。

其实，一时的生活困境真不算什么。人人都有失败的阴影，人人都有失落的时候，就看怎么去解决它，战胜它。现实生活中珍惜生命、奋斗不止的人不计其数。

史蒂芬·威廉·霍金，是英国剑桥大学应用数学及理论物理学系教授，当代最重要的广义相对论和宇宙论家，当今享有国际盛誉的伟人之一，被称为在世的最伟大的科学家，还被称为“宇宙之王”。20 世纪 70 年代他与彭罗斯一起证明了著名的奇性定理，为此他们共同获得了 1988 年的沃尔夫物理奖。他因此被誉为继爱因斯坦之后世界上最著名的科学思想家和最杰出的理论物理学家。他还证明了黑洞的面积定理，即随着时间的增加黑洞的面积不减。

他是一个大脑，一个神话，一个当代最杰出的理论物理学家，一个科学名义下的巨人……或许，他只是一个坐着轮椅、挑战命运的勇士。

一次，霍金坐轮椅回柏林公寓，过马路时被小汽车撞倒，左臂骨折，头被划破，缝了 13 针，大约 48 小时后，他又回到办公室投入工作。

虽然身体的残疾日益严重，霍金却力图像普通人一样生活，完成自己所能做的任何事情。他甚至是活泼好动的——这听起来有点好笑，在他已经完全无法移动之后，他仍然坚持用唯一可以活动的手指驱动着轮椅在前往办公室的路上“横冲直撞”；当他与查尔斯王子会晤时，旋转自己的轮椅来炫耀，结果轧到了查尔斯王子的脚指头。当然，霍金也尝到过“自由”行动的恶果，这位量子引力的大师级人物，多次在微弱的地球引力下，跃入轮椅，幸运的是，每一次他都顽强地重新“站”起来。

1985 年，霍金动了一次穿气管手术，从此完全失去了说话的能力。他就是在这样的情况下，极其艰难地写出了著名的《时间简史》，探索出宇宙的起源。

曾经有人问：世界上什么东西的气力最大？回答纷纭得很，有的说象，有的说狮子，有人开玩笑似的说，是金刚。结果，这一切答案都不对，世界上气力最大的是植物的种子。一粒种子可以显现出来的力，简直是超越一切的。人的头盖骨结合得非常致密、坚固。生理学家和解剖学家用尽了一切的方法，要把它完整地分开来，都没有成功。后来忽然有人发明了一个方法，就是把一些植物的种子放在要剖析的头盖骨里，给予温度和湿度，使种子发芽。一发芽，这些种子便以可怕的力量，将一切机械力所不能分开的骨骼，完整地分开了。植物种子的力量竟如此之大。我们都见过被压在瓦砾和石块下面的小草的生长。它为着向往阳光，为着达成它的生之意志，不管上面的石块如何重，石块与石块之间如何狭，它总要曲曲折折地，顽强不屈地透到地面上来。它的根往土里钻，它的芽往上面挺，这是一种不可抗的力，阻止它的石块也被它掀翻。没有一个人将小草叫作大力士，但是它的力量之大，的确世界无比。这种力是一般人看不见的生命力。只要生命存在，这种力量就要显现，上面的石块丝毫不足以阻挡它，因为这是一种“长期抗战”的力，有弹性，能屈能伸的力，有韧性，不达目的不止的力。如果不落在肥土中而落在瓦砾中，有生命的种子绝不会悲观、叹气，它相信有了阻力才有磨炼。生命开始的一瞬间就带着斗志而来的草才是坚韧的草，也只有这种草，才可以对那些玻璃棚中养育的盆花嗤笑。

三、珍惜现在的生活

昨天，今天，明天一直是人们津津乐道的话题。有句话说如此说，回望过去，把握现在，展望未来。这句话说得简单，但是真正做起来却是并不轻松。回望过去，让过去的成为过去，记住宝贵的经验，这个非常重要。展望未来，对未来充满希望。昨天的过去是为了今天，今天更是为了明天，因此，把握现在就至关重要。

在日常生活中你会经常听到“如果再回到从前，我会……”类似这样的话，也许你会觉得很熟悉，因为自己也许就刚刚说过或者曾经说过，不要着急否认，其实，这没什么难为情的，因为我们每一个人都曾经说过同样的如果和做过同样的假设，人生是不能重来的，所以我们只能对过去寄予幻想，所不同的是，有的人一辈子都活在对过去的幻想和假设中，而明智的人只是偶尔想想和说说，更多的时间是在设计现在，憧憬未来，迈向前方。

我们要更加珍惜现在，珍惜现在的生活，珍惜现在的拥有，不要后悔过去，不要抱怨命运，也不要抱怨各种不公平。因为在悔恨和抱怨中过去的每一分每一秒，都是我们不能重来的人生。

青少年正处在人生的起步阶段，又该怎样对待自己的人生？记得著名作家路遥写出了《人生》的小说，感动了千万人。人生之路有无数条，又该何去何从？青少年每走一步路，都需要做出艰难的选择，没有人会事先知道哪一条是死胡同，哪一条是通途。我们会无数次地站在人生的十字路口上，无数次地面临着不同的抉择，向左走，向右走。尽管我们仅仅记得几个关键的点位。比如说小学升初中，初中升高中，高中升大学，大学就业……通常的是我们没有经验，也没有向导，没有多少提示，更没有路标，一切都要凭借自己做出选择和决定。正因为人生的舞台没有彩排，也没有重演，所以人生路上我们的每一个选择和决定，都必须谨慎思考。我们需要对自己负责，对命运负责，对不能重新来过的人生负责。

我们看见了不一样的人生之路，却只走过自己的人生之路。人生路万万千千，却没有两条完全相同的道路。正如一位哲人所说世界之大，却没有两张完全相同的树叶一样，可以相似，甚至惟妙惟肖，但绝不会一模一样。我们现在可以借鉴前人的人生经验，追寻前人的脚步，但沿途看到的，却是不相同的风景，和你相伴同行的，绝对不会是相同的旅伴，所以面临的，也绝对不会是相同的机会。

有个小和尚，在寺院里负责清扫卫生。每天清晨他都要早早地起床，把整个寺院清扫一遍。打扫院子实在是一件苦差事，每天寺院里都会有很多的杂物，尤其到了秋天，每一次起风，都会吹落满地的树叶。每天不论多忙碌，都会有扫不完的落叶，这让小和尚头疼不已。他想要是能每天一次就把所有的落叶都扫干净多好啊，于是他就去问寺里的其他和尚，有个和尚就告诉他：“你在每天打扫之前先用力摇树，把就快要落的枯叶统统摇下来，那你就不用忙个不停了。”小和尚觉得有道理，于是隔天他起了个大早，使劲地摇院子里的每一棵树，他觉得这样就可以把今天跟明天的落叶一次扫干净了。一整天，小和尚都非常开心。第二天，小和尚到院子里一看，傻眼了。院子里的落叶和往日一样多。小和尚很不解，就去问老方丈。方丈摸了摸小和尚的头：“傻孩子，无论你今天怎么用力，明天的落叶还是会飘下来。”明天是未知的存在，明天的事情只属于明天，今天的人永远不可能解决明天的问题。“活在当下”就是要不悲过去，不喜未来，全心全意地去关注眼前人、身边事，还有我们心里那些瞬间的感动。生命中最重要的时刻，不是过去，也不是未来，而是现在、此时此刻，因为只有现在我们能够真正感受到自己的存在。

每个人出身的不同，学识的不同，才能的不同以及机遇与性格的不同，等等，决定了各不相同、千差万别的人生道路。有时我们曾经抱怨为什么不生在一个好的家庭？但是，上帝是公平的，正是因为如此，才让我们诞生了不平凡的未来。踩着别人的脚印前行，我们迟早会发现，前方已经没有了路。而我们要做的，是在前人没有走过的地方，踏出一条新的路，一条属于自己的人生之路。

人生前途之路充满了诱惑与挑战，人生也无法重来，后人唏嘘，更显悲壮与豪迈。当然，这只属于那些勇于奋斗的人。只有奋斗过，才不会后悔，而不是像有些人一样一直在懊悔。正是由于压力与挑战并存，诱惑与机遇同在，人生才如此的波澜壮阔、多姿多彩啊！

世界上不存在完美无缺的人生，也不存在一帆风顺的人生之路，每个人的人生旅途中都难免会有磕磕绊绊、步履蹒跚的时候，都会走弯路和走错路，没关系，朋友，走累了就歇一歇，跌倒了就爬起来，掸掸身上的尘土，继续上路。

成功者之所以成功，是因为他们目光始终坚定地眺望着前方，而失败者之所以失败，是因为他们不敢正视前方的旅途。

成功者懂得，挫折和磨难是人生必需的历练，风雨过后总会见彩虹，更懂得人生不能重来，所以更加珍惜生命的时光，只争朝夕。而失败者却因为遭受到偶尔的挫折打击，就对前方的坎坷充满了畏惧。他们惧怕前方的泥泞和坎坷，恐惧旅途的荆棘和风雨，所以止步不前，只抱怨着生活的不公和人生的艰辛，他们其实也知道人生不能重来，但他们不知道的是，现在和未来却可以由自己掌握和争取。

字写错了可以重写，画错了可以重画，唯有人生之路，一去不复返，所以我们要慎重地对待每一步，但这并不是止步不前，也并不是莽撞，人生路上最重要的是，百折不挠的意志和勇于认错的态度，发现走错了就重新调整人生的坐标和前进的方向，成功的道路千万条，条条大路通罗马，只要我们坚持不懈，永不放弃，终会赢得最后的成功。一位经历过三年高考的青少年曾经说过，我只有努力才能赢得自己的未来。他正是经历了一次又一次的失败，经历了自己在痛苦中的煎熬才获得了宝贵的经验，获得了当下珍贵的机会，当他收到录取通知书的时候，已经热泪盈眶。因为，这张录取通知书来之不易，别人看的只是一面，只有自己才知道全部。

但不可否认的是，有的人可能为了调整走错的那一步，会付出终生的努力，可是，那努力和奋斗的过程，不就是成功的人生吗？努力过，就没有失败，付出了，就无所谓赢输。

人生无法预知长短，但我们可以控制的，是人生的内容，是人生的质量，是生命的品质。

四、远离不珍惜生活的人

有句话说得好："物以类聚，人以群分。"意思是，具有相同爱好的人，就会聚在一起。比如，生活中喜欢学习的人都在一块研究学习，喜欢玩的人就聚在一块玩。

现实生活中，你和谁在一起的确很重要，甚至能改变你的成长轨迹，决定你的人生成败。和什么样的人在一起，就会有什么样的人生。和勤奋的人在一起，你不会懒惰；和积极的人在一起，你不会消沉；与智者同行，你会不同凡响；与高人为伍，你能登上巅峰。

科学家研究认为："人是唯一能接受暗示的动物。"积极的暗示，会对人的情绪和生理状态产生良好的影响，激发人的内在潜能，发挥人的超常水平，使人进取，催人奋进。远离消极的人吧！否则，他们会在不知不觉中偷走你的梦想，使你渐渐颓废，变得平庸。积极的人像太阳，照到哪里哪里亮；消极的人像月亮，初一十五不一样。态度决定一切，有什么态度，就有什么样的未来；性格决定命运，有怎样的性格，就有怎样的人生。

你是谁并不重要，重要的是你和谁在一起。如果你想聪明，那你就要和聪明的人在一起，你才会更加睿智；如果你想优秀，那你就要和优秀的人在一起，你才会出类拔萃。读好书，交高人，乃人生两大幸事。一个人身份的高低，是由他周围的朋友决定的。朋友越多，意味着你的价值越高，对你的事业帮助越大。朋友是你一生不可或缺的宝贵财富。因为朋友的相助和激励，你才会战无不胜，一往无前。人生的奥妙之处就在于与人相处，携手同行。生活的美好之处则在于送人玫瑰，手留余香。人生就是这样。想和聪明的人在一起，你就得聪明；想和优秀的人在一起，你就得优秀。善于发现别人的优点，并把它转化为自己的长处，你就会成为聪明人；善于把握人生的机遇，并把它转化成自己的机遇，你就会成为优秀者。对他人的成功像对待自己的成功一样充满热情。学最好的别人，做最好的自己。借人之智，成就自己，此乃成功之道。

修理汽车的工人每天接触油污，日久天长，他们的双手浸满油污；我们挖开煤厂煤堆下面的土地，就会发现它们大部分都沾上了煤。这是怎么回事呢?原来无论是人的手，还是土地，都是有一定空隙的，由于分子扩散作用，日久天长，油污必然会通过手的表皮进入皮肤内部，煤分子也会扩散进入土层。

任何事物都不是无懈可击的。物质是这样，不需说，人的道德修养也是如此。如果你接触美好的事物或品质优秀的人，就有可能由于耳濡目染而不知不觉受到陶冶，不自觉地接受真善美的世界观，而自身成为一个优秀的人；如果你置身于一个“假、恶、丑”的生活态度和生活方式中，自己或多或少地会受到坏的影响，这就是近墨者黑。

青少年尤其如此。他们思想单纯，阅历浅，经验少，辨别是非的能力还不强，但这时候思想敏锐，容易接受新鲜事物，容易被着色，所以更要提高警惕，争取多接触一些美的事物，多熏陶自己，注意防微杜渐，坚决摒弃丑恶的东西。

俚言俗语 俗话说："近朱者赤，近墨者黑。"

古人云："入灵芝之室，久而不闻其香，入鲍鱼之肆，久而不闻其臭，亦与之同化矣。"

试想一个人若处在一群恶习满身的人中间，开始也许还有羞恶之感，后来渐渐习惯了，也就不以为然，再后来，也许反而会同流合污呢！相反，与一些品性好的人相交，也会渐渐受其影响，使自己的品行高尚起来，这就是"互化"作用吧！生活中的狐朋狗友和知心挚友就有这种区别，前者使你沉沦后者催你奋过，难怪乎古人感慨之君子慎独出。

与君子相处有益身心，与小人相处险象环生。"孟母三迁"是很有道理的，正所谓"君子择友而交，良禽择木而栖。"

名家名言

孔子说："益者三友，损者三友。友直，友谅，友多闻，益矣。友僻，友善柔，友便佞，损矣。"

张衡是我们家喻户晓的人物，他发明了地动仪，在天文、物理等方面也有研究。张衡在青年时期有很多知己，如马融、王符、崔瑗等，这些都是当时很有才能的青年，特别是崔瑗，很早就学习过天文、数学、历术，张衡经常同他在一起研究问题，交换心得，张衡进一步研究天文、物理等科学都是受了崔瑗的不少影响。

2011 年南京某论坛发起"谈谈你的同桌"的问题，大家讨论热烈。当问及介不介意孩子同桌是差生的时候，赞成的人认为多换同桌能锻炼孩子的适应力，但是毕竟是少数，大多数人在意与差生在一块。其中网友说："我一般不在意孩子和谁同桌——我家女儿班级里有一个男孩子，成绩总是上不来，老师安排了他和女儿坐一起后，女儿每次写完作业后就会给他"参考"，后来学校换了一人一张桌子，又出现了新问题，女儿前面座位的一个男同学上课总喜欢回头和她说话，后来被老师调换了。不过我家女儿上课注意力集中，我无所谓，老师却看不下去了。我个人觉得，只要上课认认真真听就可以了！而且常换座位也有好处：一来可以和很多同学熟悉，二来可以适应不同的同学，对孩子成长过程中的适应力是个促进。”

因此，学习上需要一个好的环境，生活中更需要一个好的环境。青少年在生活中更要远离吸烟、喝酒、吸毒的坏习惯以及那些具有坏习惯的人。

五、远离不良习惯

青少年自制力弱，最容易受到吸烟、喝酒以及毒品的诱惑，因此，一定要远离这些不良习惯。接下来让我们看看这些不良习惯究竟有哪些危害呢？

1. 酗酒

当酒成为一种时尚的代名词，暗示青少年去体味生活的时候，我们有必要思考，酒，究竟为何物？酒是指含酒精（乙醇）的饮料，种类繁多。各种酒都含有不同浓度的酒精，一般白酒中含酒精度为40%～60%，有的烈性酒甚至可高达65%，黄酒和葡萄酒含酒精度为10%～30%，啤酒和汽酒中的含量为2%～7%。曾经听到一位中青少年说：“我觉得喝酒的女性并不一定就不是淑女。看看那些喝酒的女大青少年，她们确实很酷。”

据调查表明我国青少年饮酒率颇高：2000 年 11 月国家计划生育委员会在联合国儿童基金会的资助下，在全国开展吸烟、饮酒等情况调查。发现在我国男性开始吸烟和饮酒行为均早于女性。广州市中小青少年中有 24.9% 曾有过喝酒的经历，远远高于 7.7% 有过抽烟经历的比例。这一比例与其他省市所作的青少年饮酒率调查相近，如武汉市一项调查显示，中青少年饮酒率为 21%，其中男生饮酒率为 31.3%，女生饮酒率为 10.9%。如今，这一比例更高了。《未成年人保护法》规定，父母或其他监护人应当教育和制止未成年人吸烟、酗酒。《预防未成年人犯罪法》规定，任何经营场所不得向未成年人出售烟酒。但这些法规显然未能得到严格执行。

（1）酗酒原因

那么为什么会有如此之多的青少年们喜欢酗酒呢？主要有以下几点原因。

其一，许多青少年最初开始饮酒更多是出于好奇。一个女孩在 13 岁时第一次尝到了酒的滋味，而且“一切都来得那么自然和偶然”。那天晚上，她请了几个朋友到家里聚会，打开了父母酒柜中的几个瓶子，就这样喝下了平生第一口酒。每当谈起这段经历的时候，这个女孩总会说：“比我大的朋友们都在喝酒，为什么我不试一下呢？”从那以后，她觉得，酒，其实离自己并不遥远，每次聚会，她也成了喝酒高手。

其二，少男少女正处于青春叛逆期，在这样一个生理心理发育的特殊阶段，不少心理上的因素导致或助长了青少年饮酒。比如失恋、心理压力等因素都是促使青少年“借酒浇愁”的原因之一。而且处于青春期的少年一般自信心很差，饮酒是他们逃避现实的一个手段。很多青春期的女孩对自己的感觉都很糟，而饮酒能使她们觉得自己更漂亮、更聪明……至少，她们可以由此不在意很多东西。

其三，人是一种社会性动物，容易受到周围自然与社会环境中的积极或消极的影响。青少年更是这样。家庭周边社会环境显著影响青少年的饮酒行为，周边社会环境越复杂，青少年的饮酒率就越高。

在我国，目前社会上存在着青少年考完试一起“放松”的风气，不少中青少年反对抽烟，但对喝酒却不加拒绝，认为饮酒能为聚会助兴，既豪爽又时尚。部分中青少年饮酒还得到家庭的首肯，有父子同饮的，有考前失眠让孩子喝酒安神的。还有些父母误以为青春期的孩子饮酒总比吸毒好一些，这也许是由于他们自己也饮酒，或者是由于饮酒是合法的，吸毒是非法的。要记住酒精也是药物。过量饮酒跟其他药物一样是有毒的。明白事理、对饮酒可能会涉及严重或致命意外事故的可能性有所了解的父母，会设法制止青少年饮酒。

其四，一些孩子饮酒是因为聚会时，不愿意在同学面前服输，所以喝酒无度。最近有一名女高中生重度酒精中毒后，险些双目失明。女孩和他的同学共11名在聚会上都喝了不少白酒、啤酒和红酒，聚会没有结束女孩就昏过去了。被送到医院时她完全昏厥，出现了休克，还伴有口吐白沫等症状。用手电测试眼睛发现，患者的目光呆滞，属于重度酒精中毒，有双目失明的可能。医护人员立即采取了洗胃、注射解酒药物、吸氧等紧急救护措施，经过10多个小时的抢救，女孩终于苏醒过来，但脸色显得很苍白，还不时说头很痛。

其五，当越来越多的成年人开始意识到酒是一种毒物，开始从健康的角度去疏远它的时候，却有越来越多的孩子，怀着一颗稚嫩而单纯的心，悄悄走近酒的魔爪。这其中，媒体有意无意地宣传在青少年饮酒行为中起到了分量很重的作用。青少年饮酒者数量的增加与酒类广告密不可分。特别是女孩更容易受酒类广告的影响。美国有统计数字表明，在2002年，男孩接触到的啤酒广告比成年男子多29%，而女孩接触到的啤酒广告比成年妇女多68%；同样的数字，在烈性酒广告中，男孩为37%，而女孩则高达95%！长期以来，美国监察组织一直在指责酒类生产商的营销手段。根据乔治敦大学的调查，访问酒厂网址的人中60%以上都是青少年。酒类生产商像烟草生产商一样明白，让一个人一辈子酗酒或抽烟的最有效办法，就是让他（她）从小时候就开始喝酒、抽烟。

（2）酗酒危害

随着物质生活水平的提高，在青少年中喝酒的人也多了起来，聚会庆典中，人们常饮酒助兴，适当地喝一点儿啤酒或者葡萄酒，对身体有解除疲劳、增进食欲、帮助消化的作用。但是，青少年尚年幼，自制力不足，喝起酒来不加节制，往往“烂醉如泥”，甚至染上酒瘾，沉沦其中，经常酗酒，对身体和心理发育危害极大，主要表现为如下几点。

其一，青少年饮酒可以导致死亡、事故、谋杀和自杀。由于男女身体结构和生理特征的不同，女孩过度饮酒的危害更大。一个女孩喝一杯酒的危害与一个同龄男孩喝两杯酒的危害程度相同。有些研究报告指出，大约有27%的青少年在滥用酒精。这表示酒精的使用已影响到他们的身体健康、学校功课或工作表现，影响到应付愤怒、焦燥或沮丧等情绪感觉的能力；同时也影响到他们跟家人、朋友沟通的能力。

其二，饮酒后约20%的酒精立即在胃中吸收，其余全部被小肠吸收。吸收进血液中的酒精，除了极少数（10%）由汗、尿、唾液和呼吸排出外，其余的90%要经过肝脏解毒，但是肝脏的解毒能力有限，因此使人的组织器官和各个系统都要受到酒精的毒害。青少年发育尚未完全，各器官功能尚不完备，对酒精的耐受力低，肝脏处理酒精的能力差，因而更容易发生酒精中毒及脏器功能损害，可能埋下肝硬化、胃癌、心血管病等疾病隐患，经常饮酒，容易患酒精中毒性肝炎和脂肪肝，最终发展为肝硬变。常饮烈性酒的人70%患慢性胃炎，50%患消化不良症，并且会诱发食管癌、胃癌、胰腺癌等。长期饮酒，可引起营养和代谢失调，造成蛋白质、维生素及矿物质供应不足，损害牙齿，影响青少年的生长发育。

其三，酒精对人的中枢神经系统的危害最严重。中枢神经系统有兴奋和抑制作用。少量可兴奋，过量则形成抑制作用。如果饮酒过多，就会脸红，乱说胡话，站立不稳以至醉倒、呕吐等。随之昏睡，面色苍白，血压下降，最后陷入昏迷，严重的还可以引起呼吸困难、窒息，造成酒精中毒死亡。酒精对中枢神经系统的作用分两个时期。少量饮酒，大脑皮层高级神经活动首先受到抑制，使得高级中枢对皮层下中枢的控制减弱，使人丧失理智和克制态度，表现为所谓“兴奋”现象，并有头晕、恶心、呕吐等。继续饮酒，可出现语无伦次、步履不稳、动作不协调和嗜睡、昏迷，严重者可因呼吸中枢麻痹而死亡。青少年由于视神经尚未发育完善，当酒精血浓度达到 15 ~ 55 毫克时，可引起严重视力减弱，达到 200 ~ 300 毫克% 时，可发生复视。饮酒后，不仅神经反射的速度显著减慢，酒精对脑细胞损害也相当大，对大脑发育极为不利，造成学习效率降低，在体育比赛中难以创造出理想的成绩，还容易发生生产事故和交通事故。

其四，青少年饮酒，还容易引起肌肉无力，性发育早熟。酒精对精子和卵子都有毒害，会造成不育和影响胎儿生长发育。女孩还容易未老先衰。东晋时代的文学家陶渊明文章写得酣畅淋漓，如行云流水，洒脱自然，但却嗜酒如命，结果他的三个儿子，不是白痴，就是呆子。这好像是不可思议的，其实这正是酒精的毒性作用。因为酒精可以改变生殖细胞中的脱氧核糖核酸上的碱基排列，引起基因突变，染色体异常，在形成配子时，这些不正常的基因被遗传给了下一代，从而造成下一代的畸形。

其五，长期饮酒会使人的身体系统对酒精习以为常，接着，他就可能会对酒产生依赖了。青少年更很容易在饮酒的同时服食毒品，这是相当危险的事情。

一旦青少年染上了饮酒的习惯，吸烟这个饮酒的“兄弟”常常会赶来助纣为虐。青少年最初染上烟酒恶习，很多缘于模仿着成年人或影视作品中的某些形象边喝酒边吸烟，认为是十分”酷”的表现。调查表明青少年吸烟和饮酒行为互相作用，关系密切，吸烟者往往饮酒，而饮酒者大都吸烟。这种烟酒同吸同饮的后果极其严重，因为烟中的尼古丁能溶于酒精，使人体内的尼古丁含量更高，危害也更大，有这种习惯的人极容易患喉癌。

其六，青少年神经系统还较稚嫩，自制能力差，酒后易行为失控，容易产生某些心理疾病，如心理脆弱或者智力缺陷，经常饮酒者大约 15% 可发展为各种精神病。青少年饮酒还可以诱发各种事故甚至危及生命，如偷食禁果、与人争斗、擅自驾车等。一半以上的交通事故跟饮酒有关，而船艇遇难事件有 90% 是饮酒造成的。最近在我国出现了一起青少年酗酒悲剧：五名中青少年醉酒斗气跳珠江，其中一人失踪。记者在追踪采访这一事件中发现，对青少年酗酒问题，学校、社会尚未予以应有的关注，对青少年饮酒危害的宣传和重视程度还远远不够。

2. 吸烟

关于吸烟，大家都知道吸烟有害健康，但是吸烟却屡禁不止。

(1) 吸烟原因

从我国情况来看，影响青少年吸烟行为的主要因素有下列四个方面。

其一，社会的影响。目前，我国社会吸烟的风气还很严重。各种公共场合和日常生活中，人们总是以烟相待，开会、办事、交友、喜庆、丧事等，到处离不开烟，青少年自小就生长在处处有烟的环境中，即使在电影和电视片中，也充斥着吸烟的镜头。可以说，吸烟已成为一种无法摆脱的社会环境，它对青少年吸烟行为起着潜移默化的影响。

其二，家庭的影响。有关青少年吸烟的调查表明，大多数吸烟青少年的家庭中有人吸烟，而且主要是父亲。许多青少年的第一支烟，是从父亲的烟盒中拿的。极少数甚至是在父亲的鼓励下吸第一支烟的，中青少年对吸烟的害处往往还缺乏认识，有的家长在吸烟的过程中，还会不知不觉讲一些吸烟好处的话，这就更加会诱发青少年的新奇性。

其三，学校的影响。不少中青少年，在会吸烟的青少年的影响下，逐渐地学会了吸烟。另外，在中学里还存在着教师吸烟的影响，这也是不能忽视的。

其四，心理上的自我满足。中青少年正处于青春期，心理上有较大的变化，容易对吸烟产生好奇心，特别是感到自己长大成熟了，像一个真正的男子汉了，心中就会想：“抽烟多神气，多有气派，这才有男子汉风度！”这种独立意识和成人感的需要，使中青少年容易沾上吸烟行为。

（2）吸烟危害

关于吸烟的不良影响，总结一下，主要有以下几个方面。

其一，年龄和生理方面。从年龄来说，初中阶段是吸烟的重要诱发期，最容易学会吸烟。所以，初中阶段，是青少年吸烟行为的高发期。从生理反应来说，吸烟会使中青少年心跳加快，容易造成消化不良和感冒等。现代医学还告诉我们，女中青少年抽烟多，会引发口臭，也可能使皮肤变得粗糙。

其二，认识方面。大多数中青少年明白吸烟是不好的，是违反中青少年行为规范的，他们也知道未成年人不能吸烟、中青少年守则规定不能吸烟。但是，许多中青少年对吸烟的危害，还缺乏足够的认识。

其三，情绪和意志方面。中青少年容易在高兴或烦恼时吸烟，高兴时吸烟，情绪会更加焕发，明显获得愉快的体验；烦恼时吸烟，情绪会感到轻松，暂时转移了烦恼。有人在中青少年中进行过关于戒烟的调查。吸烟的男青少年回答有意志戒烟的，占 33%，吸烟的女青少年回答有意志戒烟的，占 29%。由此可见，时常吸烟的中青少年，无论男女，表现出对戒烟缺乏坚强的意志。

其四，动机方面。中青少年开始吸烟的动机是多种多样的。根据某项对中青少年吸烟动机的调查，我们按动机的重要性和普遍性排列如下：出于好奇心，想尝试一下，带有游戏性质的；同学的影响，在其他同学劝其吸烟的推动下才吸烟的；为了解除烦恼，如被老师和父母批评了，考试不及格了，或者与同学发生重大冲突了等，吸烟是为了排除不快的情绪；出于模仿吸烟的姿势和气派，认为大人吸烟样子潇洒、风度不凡，于是跟着学起来了；受大人的鼓动，有的是受成年坏人的唆使。

其五，习惯方面。中青少年吸烟大多数是习惯性吸烟，一般说还谈不上烟瘾。有吸烟习惯的中青少年，常常还会有其他的不良行为习惯，如逃学、赌博、小偷小摸等。

3. 吸毒

当前，无论是国外还是国内，毒情形势都非常严峻，所以青少年更应该提高防毒意识，加强禁毒教育。

(1) 吸毒原因

有部分青少年抵挡不住外界的恶劣影响，走上了难以回头的吸毒之路，给自己、家人和社会造成了严重的不良影响。那么他们为什么会走上这条不归路呢？究其原因，主要有以下几点。

其一，外部因素。目前，我国毒品泛滥，吸毒的状况是严重的。即使在某些电影和电视中，也经常有贩毒和吸毒的内容，而且往往是写实的，而对吸毒行为的危害性揭露不够，青少年看后易产生消极的影响。同时，家庭中父母吸毒，也会影响子女沾上吸毒行为，我们在前面的案例中可以看到，有的初中生就是受父亲吸毒行为的影响，逐步沾上吸毒行为的。

其二，内部因素。青少年正处在身心发育的阶段，他们喜欢追求刺激，容易模仿和从众，争强好胜，同时，认识上有一定的片面性和局限性，辨别能力较差。因此，在不良社会因素的影响下，青少年特别容易沾上吸毒行为。

(2) 吸毒的心理特征

青少年吸毒具有哪些心理特征呢？

其一，认识方面。青少年往往对毒品了解不够，同时也缺乏对吸毒危害的科学认识。所以，常常是在浅薄、幼稚的认识支配下，开始沾上吸毒行为。在吸毒后，即使对毒品的害处有了一定的了解，但此时已经抵挡不住毒品的诱惑。

其二，情绪和意志方面。据说，毒品的吸食会给人带来一种快乐感，内心产生一种特殊的情绪体验。青少年吸食海洛因后，特别会产生一种轻松、愉快的幻觉状的精神状态。但是，这种所谓的快乐是暂时的，最终带来的是严重的身心痛苦。多次吸食毒品，足以摧毁一个人的意志力。从青少年的意志特征来讲，他们的意志力还不是十分坚强。所以，青少年一旦染上毒品，单靠自身的意志力，是根本不能戒掉吸毒行为的。

其三，心理依赖性和人格变异。青少年在吸食毒品的过程中，会产生一种虚幻的、舒坦的感受，似乎从一切烦恼和忧虑中暂时解脱了出来，愉快的幻觉和短时间的欢乐效果，使青少年进入了飘飘欲仙的欣慰状态。但是，这种感受和体验进而会牢牢地吸引着青少年，使青少年无法摆脱继续达到这种状态也需要。这就是青少年对毒品的心理依赖性。毒品的作用会导致青少年人格变异，也就是人格上的大倒退，对吸毒的青少年来说，他最大的需要就是能经常吸食毒品，除此之外，他的价值观和人生观、道德心和羞耻心等统统变得没有意义了，统统屈服于毒品这个魔鬼了。

其四，动机方面。我国青少年开始吸毒的动机，主要有下列几点。①好奇心。因为新鲜好奇，想试一试而沾上了吸毒行为。调查资料显示，初中生开始吸毒，多数是由好奇心引起的。②为了娱乐和消遣。把吸食毒品当作吸烟、喝酒一样，满足消遣和享乐的需要。这种动机，青少年多数会在社交场合或者是单独休闲环境下产生，把吸毒当作一种精神上的所谓享受。③为了自我显示。把吸毒看作一种“高贵的”气派。在青少年吸毒者中流传着这样的荒唐说法：“吸海洛因在现代社会很时髦，不吸就是落伍，吸了神气、够气派!”不少青少年花了一大笔钱来吸海洛因，就是为了炫耀自己，显示自己的大气派。④为了从众。所谓从众，就是人家怎么干，自己就跟着人家怎么干。青少年喜欢从众，看见朋友在吸毒，自己也就一起跟着吸了。有一位中青少年谈到他开始吸毒的行为时说：“我原来就吸香烟。有一天，一个朋友给我一支烟，我看它不像香烟，就问朋友是什么。他说，你吸吧，反正比你吸的那种烟要好多了。我想，反正都是烟，吸就吸吧。就这样，吸了没几支就上了瘾，再也戒不掉了。”⑤为了摆脱烦恼和忧愁。有些青少年碰到挫折，处于焦虑不安的心境，为了消除内心的烦恼和忧愁，就从吸毒中去寻求暂时的解脱。

其五，毒瘾心理依赖。毒瘾就是吸毒成了瘾头。本书在上面已经提到过吸毒会产生一定的心理依赖性，这是一种对短暂的快乐欣慰感的需要。但是，毒品的药性过后，通常会使人冷汗淋漓、涕泪不止、恶心呕吐、肌肉疼痛。这是一种处于地狱状态的感受。一位青少年吸毒者曾经这样子说过：“我的毒瘾发作了，身上就像有成千上万条虫子在咬，一直咬到骨头里，我就会捶胸顿足、丑态百出，这时只能吸上一口海洛因，就是死也不管了。”

第九章

要有持之以恒的情感
——做个情感丰富的青少年

一、做一个正直的人

一个人如果决定自己要过美好的生活，让成为一个正直人的信念装饰着自己的心灵，并且已达到自己努力的结果的时候，最后它又会形成怎样的影响呢?

大家都知道，大自然对人类的弱点一向是非常宽容和谅解的。它从来不会让自己所宠爱的孩子一无所获，它会为正直的人提供最丰富的“嫁妆”，然而它也小心加以提防，免得让利益的诱惑引起那些“求爱者”的兴趣，因为这些“求爱者”对正直的人的朴素价值其实是漠不关心的。大自然非常聪明，它所提供的“嫁妆”，只有在那些一心向往正直的人眼中才会具有吸引力，这便是荣誉。

荣誉就是正直的人的嫁妆，就是丰厚的报酬，就是加于廉洁无私的爱国者那思虑深重的头上或是胜利的勇士那饱经风霜的头上闪光的桂冠。

正直的人靠着这种无比崇高的奖赏的提携，蔑视一切享乐的诱惑和一切危险的恐吓。当他想到死亡只能支配他的一部分时，就连死亡本身也失去了它的恐怖。无论是死亡还是时间，无论是自然力量的强暴还是人世浮沉的无定，他确信在人群中他会享有不朽的声名。

正直的人无须对那些暧昧的问题做任何抉择，他满意于万物的最高主宰向他指明的那些嫁妆。他无比感激地收下为他备下的酬赏。即使遭受了挫折，他也并不认为正直就只是徒具虚名。相反，他把正直视为自己天真生活的报偿，他欣喜地感受造物主的宽宏大量，因为是造物主让他得以生存，并赋予他这样的机会，让他拥有正直这一种极为宝贵的品德。正直的人的荣誉是我们刻在事物上的标记，正是这种无法涂抹的标记，决定了所有人、所有劳动的全部价值。大家都会相信正直的人，在人生丛林中，那些带着“荣誉嫁妆”的正直人，意味着一种神圣的力量！

事例一

两度出任英国首相的政治家约翰·罗素说：“在英国，所有的政党都有一种天然的倾向，他们都试图寻求天才人物的帮助，但他们只会接受那些具有正直品格的人作指导。”

事例二

匈牙利政治家科苏特常年流亡在外。土耳其曾答应，如果他肯皈依伊斯兰教，就可以为其提供避难所。但科苏特却回答道：“如果让我在死亡和屈辱之间选择，我会毫不犹豫地选择死亡。我曾经做过总督，管理过一个生性慷慨的民族，但最后我没有留给子女一分财产。这么做，至少比被大家指指点点要好得多。意愿总会完成，我随时准备献出自己的生命。虽然我的双手空空如也，但它们却是清白干净的。”

事例三

文艺复兴时期的著名诗人彼特拉克一次要上法庭做证，本来他要像一般人那样履行宣誓程序，但法庭却告诉他，他们相信他的正直，他不需要为自己的证词进行宣誓。同时，法庭将以他的证词为准，因为他身上有“荣誉嫁妆”。

事例四

休·米勒曾经在一家大银行得到了出纳员的职位，但他却婉言谢绝了，表示自己对账目簿记一无所知，而且也没有人为他担保。“我们不需要你有什么担保。”银行总裁罗斯先生语气很坚决。而在此之前，米勒甚至不知道罗斯先生认识他。

事例五

维多利亚·柯罗娜的丈夫曾经宣誓效忠西班牙王室，所以，当意大利诸王侯劝说他离开西班牙时，他非常犹豫，毕竟，他要受到自己誓言的约束。

这时，他的妻子写信给他，信中写道：“牢记你的荣誉，正因为有了它，你才高过国王。拥有这种荣誉，便是拥有了真正的辉煌，而完全无须任何头衔的点缀。如果这种辉煌能够不受任何玷污传给子孙后代，你会真正感到幸福和光荣。”

从以上具体的实例中，可以看出：任何时候，一个正直人的荣誉总是让他处于众人有意无意的观察之下，这点无论我们是否认识到都是如此。

一个诚实正直的人首先应该是公正的。如果青少年偏离了正确的轨道，就应该及时地加以阻止。

名家名言

马克·吐温说过：“当你处在进退两难的境地时，就诚实地说出真话。”

如果你发觉老板或是你为之服务的顾客正滑向一个错误的方向，就应该毫不犹豫地加以阻止，即使他不可能接受你的劝告，你也要表示出自己的诚实。你没有因为他是老板或是顾客而虚伪地迎合他，你会因为说出真话而觉得心胸坦荡。

诚实正直的人不仅勇于向他人提出建设性的批评，而且同时也乐于吸取建设性的批评意见。因此，青少年应该善于倾听周围人的种种意见，认真加以评估，去伪存真，使自己不断地加以完善。如果你自以为是，不愿意花费时间听取他人意见，那么，这对他人而言是不正直的，对自己而言则是不诚实的。那些希望自己的下属只会说好听话的人在事业上是不会长久的；那些善于溜须拍马、阿谀奉承的人，或许短时间内可以获得很大的好处，但是绝对无法成为一棵“常青树”。至善就是真实，真实不会伤害拥有它的人。一个正直的人会在适当的时机做该做的事情，即使没有人看到或知道。

温馨提示

青少年需要适时地回顾一下自己的所作所为！你是否能毫无羞愧地说“我是诚实正直的”？如果不能，请立即改变自己的行为方式吧！

虽然有的谎言有时并没有什么恶意，也不会造成什么危害，但是，久而久之就会养成撒谎的坏习惯，进而变成根深蒂固的劣根性，使你的心灵渐渐变得低下庸俗。相反，诚实的人会逐渐形成宽容博大的胸怀。因此，说真话是获得别人信任和尊敬的最行之有效的方法。

虽然你可以由于优雅的风度、仁慈的行为、丰富的知识或者其他美德，而赢得他人的尊敬。但是，一旦你有谎话被拆穿，那么，所有的优点就会烟消云散。只有真诚地袒露自己的心灵，才能真正做到诚实无欺，同时，赢得别人的尊重和信赖。

名家名言

马萨诸塞州伟大议员兼国务卿丹尼尔·韦伯斯特说：“没有任何东西比事实更具力量。”

这世界上到处充满着成功，充满着恪守事实而获得成功的人和事业。

当乔治·华盛顿还是个少年的时候，有一次不小心砍倒了他父亲种的樱桃树，他向父亲认错，说：“爸爸，我不能说谎。”

如果你不小心犯了某种事实上的错，那么最好的办法就是坦率地承认和检讨，并且在很短的时间内，尽可能快地对事情进行补救。只要处理得当，你一样可以立于不败之地。

诚实正直也许会使你暂时失去一些东西，有时候，也许会被人嘲笑，但是如果你能坚守这一品格，最后就会成为赢家。

名家名言

法国思想家孟德斯鸠曾经说：“我观察到，想在这个世界获得成功，必须十分真诚，又十分明智。”

真诚的人会赢得更多的机遇，机遇总是去寻找诚实可靠的人！人的天性有对不公正的待遇抵触的习惯。如果你讨厌正直诚实，那么能给予你机会的老板同样也会讨厌你。如果一开始就让别人觉得你很狡猾，别人就会自然而然设立一道防护的屏障，来抵御潜在的威胁。真诚的睿智的人是最受老板欢迎的人。

你如果要其他人喜欢你，你必须先做真正的自己；你如果要向别人推销自己，你必须自己先接受自己。在对别人真诚以前，你应该先对自己真诚。“所有最重要的事情，就是对自己真诚。”

当你走入自己心灵深处，你会发现做个诚实的人要简单多了，如同贞洁、仁慈、互爱等其他美德一样。真诚是树木的根，没有根，树木也就没有了生命。每个成功者都要培养自己信任并且让别人信任的优秀品质，只有这样，他的事业之树才会常青。

二、做一个热爱生活、关心他人的人

名家名言

意大利诗人但丁说过：“一个知识不全的人可以用道德去弥补，而一个道德不全的人却难以用知识去弥补。”

首先我们看一下下面的几个事例。

事例一

《兰州晚报》报道：有位叫周女士的家长收到了从北京寄来的一个邮包，同事们都很羡慕她，以为是周女士在京上大学的儿子给她寄来了小礼物，只有周女士哭笑不得：“哪里是什么礼物呀！是儿子穿脏的衣服，寄来让我洗！”据周女士介绍，现在在京读大一的儿子每月都会准时把穿脏的衣服打包寄给她，她洗干净了再寄回去。

事例二

一位下岗职工，知道自己的孩子喜欢吃虾，咬咬牙从市场上买来虾。做好后端上桌子，看着孩子津津有味地吃着，自己舍不得动一筷子，看着孩子已经吃完饭，妈妈忍不住想去尝一尝剩下的虾——“别动!”13 岁的孩子大声说，“那是我的。”妈妈在叙述这件事情的时候，眼里含着眼泪。

事例三

一位妈妈因丈夫遭车祸住进医院，动用了他上初一年级的孩子 230 元压岁钱，孩子发觉后，硬要妈妈偿还，说：“凭什么动用我的钱?”

事例四

有一次，一位朋友伤心地对我说：“我很爱我的女儿，我工作那么忙，起早贪黑地为她做了很多事，可她却认为这都是应该的，一点不领情。一次，我生病了，早上她上学时明明看见了，可放学回到家，看我还躺在床上，就气呼呼地把书包往沙发一摔，冷冷地说：‘还不起来做饭，懒猪!’当时，我的心都碎了。你想想，我把她养这么大，有什么用?”

事例五

一位妈妈说，平时对孩子的关心无微不至，可儿子对她却很冷淡。她过生日的那天，朋友往家里打电话，恰巧她不在家，儿子接的电话，朋友告诉他：“今天是你妈妈的生日。”儿子冷冷地说：“我妈过生日关我屁事。”

事例六

一位母亲把饭菜做好后到人工湖洗衣服，初二年级的儿子回家见菜香可口，竟毫无顾忌地吃光。妈妈回家问为什么不等父母回来一块儿吃，儿子竟说：“人不为己，天诛地灭。”

事例七

某学校在青少年中调查发现：父母病了，50% 的孩子不端水，不递药，不过问。98% 的青少年要求父母给自己庆生日，但 98.2% 的青少年不知道父母的生日。

看到以上的实例，青少年内心是否掀起一丝的扪心自问：自己是否做得好？无论时代怎么变迁，都有一些共有的对基本价值的尊重与遵守。这些基本价值有诚实、勇敢、自律、忠诚、可信、关爱等。无论是在家庭中还是在社会中，孩子们都在有意无意地接受这些价值观的熏陶。而这些并不是空洞的说教，而是一种行为法则，是孩子们必须从小就建立起来的良好品德。

青少年应该学会爱，这是必须学好的一堂课。只有懂得爱，学会在被爱的同时施爱，才能成为一个善良和具有良好人格的人。爱能使人受益。

20 世纪 80 年代初，美国迈阿密大学的医疗研究人员对出生满 8 周的婴儿做实验，他们发现喂食时有人抚摸的婴儿比没有人抚摸的婴儿体重增加了近 49%。

非洲有个叫“快乐墓地”的墓园的地方，其中有块墓碑写着：“行善吧，真诚地去帮助别人。这样你就会得到快乐和温暖。你会感到来自内心的一种亲切感。这样活着真好。这是一种美丽。你的人生一定会因此而变得美丽起来。”看到这段话后，我们会深深感触：当爱的雨露洒向他人时，原本平凡的人生就会显得充实而有意义，人们的内心会顿感温馨。如果一个人付出了真正的爱心和温情，那么，他必将赢得真正的朋友和真情的回报，得益的常常是我们自己。

事例一

有一名毕业生去一家公司应聘，招聘人员审视着她的脸，出乎意料地问她：“你替父母擦过身子，洗过澡吗？”她很老实地回答：“没有。”招聘人员又问“那么，你替父母捶过背吗？”她想了想，回答道：“有过，那是在我读小学时，那次母亲还给了我 10 块钱。”临走时，招聘人员对她说：“明天这个时候，请你再来一次，不过有个条件，明天来这里之前，希望你一定替你父母擦一次身子，能做到吗？”她答应了下来。她虽是大学生，但家境贫寒，她刚出生之后不久，父亲便去世了。从此，母亲靠着给人家帮佣、洗衣挣钱。后来，她渐渐地长大，并且考上了名牌大学，学费虽然有些高，但母亲却毫无怨言，继续给人家帮佣，即使，现在她已经毕业了，但母亲还在做用人。她应聘完毕，回到家中的时候，母亲还没有回来。她想母亲整天帮人家干活，一定很疲劳，如果帮母亲洗澡的话，肯定会缓解母亲的疲劳，母亲一定会很高兴。母亲回来了，当听到她要为自己洗澡时，感到很奇怪："我整天帮佣，哪有不脏的道理呢？算了吧，况且我自己也能洗，何必用你呢？"于是她将必须替母亲洗澡擦身子的原委一说，母亲很理解，便按她的要求坐进了澡盆。当母亲脱掉内衣时，她发现母亲身体瘦骨如柴，身上的筋骨一根根地暴露出来，她被呈现在自己面前的母亲佝偻的身体惊呆了，不由得搂住母亲哭了。在读书时，她心安理得地花着母亲如期送来的学费和生活费，现在她才知道，那些都是母亲的血汗钱。第二天她如约来到那家公司，对招聘人员说："现在我才知道母亲为我付出了多大的代价，使我明白了在学校里没有学过的道理。谢谢你，如果不是你，我还不知道母亲为我付出了多少辛劳和汗水，我只有一个亲人——母亲，我要照顾好母亲，再也不能让她受苦了。"招聘人员满意地点点头，说："你明天可以来公司上班了。"

事例二

在一个风雪交加的寒冷夜晚，有一对年迈的夫妇来到路边一家简陋的旅店投宿，不幸的是，这间小旅店早就客满了。"这已是我们寻找的第 16 家旅馆了，这鬼天气，到处客满，我们怎么办呢？"这对老夫妻望着店外阴冷的夜色发愁。店里的小伙计不忍心让这对老年客人受冻，便建议道："如果你们不嫌弃的话，今晚就住在我的床铺上吧，我自己打烊后在店堂打个地铺。"老年夫妻非常感激，第二天要按照房价付客房费，被小伙计坚决拒绝了。临走时，老年夫妻开玩笑似的说："你经营旅店的才能真够得上当一家五星级酒店的总经理。""那敢情好！起码收入多些可以养活我的老母亲。"小伙计顺口应和道，哈哈一笑。两年后的一天，小伙计收到一封寄自纽约的挂号信。信中附有一张来回纽约的双程飞机票，信里邀请他去拜访当年睡他床铺的老夫妻。小伙计来到繁华的大都市纽约，老年夫妻把他引到第五大街三十四街交会处，指着一幢摩天大楼说："这是一座专门为你兴建的五星级宾馆，现在我们正式邀请你来当总经理。"年轻的小伙计因为一次举手之劳的关爱行为，美梦成真。这就是著名的奥斯多利亚大饭店总经理乔治·波非特和威廉先生一家的真实故事。

一个与人为善，为他人着想的人，别人也会用同样的善意去为他着想，关爱他人的同时，自己已经获得了更多。只要拥有关爱之心为他人着想，或许在自己不经意之处已获益匪浅了。

事例一

一对夫妇俩平时待人不错，在街坊邻居中极有人缘，下岗不久，便在朋友、亲属以及街坊邻居们的帮助下，在小城新兴的服装市场里开起了一家火锅店。火锅店刚开张时，生意冷清，全靠朋友和街坊照顾；但不出三个月，夫妇俩便以待人热诚、收费公道而赢得了大批的“回头客”。火锅店的生意，也一天一天地见好起来。每到吃饭的时间，小城里行乞的七八个大小乞丐，都会成群结队地到他们的火锅店来行乞。人们从未见过小城里其他店主，能够像这夫妇俩一样宽容平和地对待这些乞丐。其他店主，一见到乞丐上门，就会拉下脸来严厉地呵斥辱骂。而这夫妇俩则每次都会笑呵呵地给这些肮脏邋遢、令人厌恶的乞丐高举到面前来的那些五花八门的锅碗瓢盆中，盛满热饭热菜。而且人们注意到，夫妇俩施舍给乞丐们的饭菜，都是新鲜饭菜，并不是那些顾客用过的残汤剩饭。而且夫妇俩在施舍乞丐的时候，没有丝毫的做作之态。他们的表情和神态十分自然，就像他们所做的这一切原本就是分内的事情。日子就这样一天一天地过着。一天深夜，服装市场里一家从事丝绸生意的店铺，由于老板沉迷于麻将而忘了将烧水的煤炉熄灭，从而引发一场大火，殃及了隔壁的火锅店。这一天，恰巧丈夫去外地进货，店里只留下女人照看。一无力气二无帮手的女店主，眼看辛苦张罗起来的火锅店就要被熊熊大火所吞没，万分着急之时，只见那班平常天天上门乞讨的乞丐，不知从哪里钻了出来，在老乞丐的率领下，冒着生命危险将那一个个笨重的液化气罐马不停蹄地搬运到了安全地段。紧接着，他们又冲进马上要被大火吞没的店内，将那易燃的桌椅及店内的其他物品也全都搬了出来。消防车很快开来了，火锅店由于抢救及时，虽然也遭受了一点小小的损失，但最终给保住了。而周围的那些店铺却因为得不到及时的救助，货物都被烧得精光。火灾过后，人们都说是夫妇俩平时关爱别人得到了回报，要是没有这些平时受他们关爱的乞丐出力，火锅店恐怕只好关张了。

事例二

一天傍晚，德兰修女独自一人行色匆匆地走在加尔各答贫民区脏乱的街道上。在加尔各答的贫民区，几乎所有人都认识德兰修女。因为，专门救助穷人的仁爱传教修女会就是她创建的，更何况她赢得了世界人民的爱戴，获得了1979年诺贝尔和平奖。其实，不只是穷人崇拜她，世界各国许多富人也都心甘情愿地给她创建的仁爱传教修女会捐钱。突然，一个瘦骨嶙峋、蓬头垢面的乞丐不好意思地拦住了德兰修女，然后吞吞吐吐地说："每个人都很敬重你的事业，都愿意为你做出奉献。我虽然没有能力，但也想给你奉献29分钱，以表我的心意。整整一天，我只讨到这29分钱。如果你不嫌弃，就请你都收下！"客观地说，尽管德兰修女的全部个人财产，只有一张耶稣受难像、一双凉鞋和三件旧衣服，但仁爱传教修女会却有4亿多美元的资产。这29分钱对于修女会的资产来说，确实微乎其微。于是，德兰修女将随身携带的还没来得及吃的晚饭，即一块面包和一瓶水，送给了她，同时伸出双手，恭恭敬敬地收下了那29分钱。当德兰修女收下29分钱时，她惊喜地看到，拘谨的乞丐竟然笑了，而且笑得那么开心、那么满足、那么灿烂。德兰修女想："这个穷苦的乞丐，在炙热的太阳底下，在40摄氏度的高温下，乞讨了整整一天，才讨到29分钱，却全数奉献出来。29分钱虽然微不足道，但其中饱含着无价的爱心。"后来，德兰修女多次在演讲中说："穷人没有钱，没有地位，但不缺少互相帮助和体谅的爱心。这正是穷人的伟大之所在。只要愿意，我们每个人，即使是一个卑微的乞丐，也可以对他人献出爱心，对他人有所帮助。"

学会关爱别人，因为这会使世界更美好，使生活更加充实。

有一位单身女子刚搬了家，她发现隔壁住了一户穷人家，一个寡妇与两个小孩子。有天晚上，那一带忽然停了电，那位女子只好自己点起了蜡烛。没一会儿，忽然听到有人敲门。原来是隔壁邻居的小孩子，只见他紧张地问："阿姨，请问你家有蜡烛吗？"女子心想："他们家竟穷到连蜡烛都没有吗？千万别借他们，免得被他们依赖了！"于是，对孩子吼了一声："没有！"正当她准备关上门时，那穷小孩展开关爱的笑容说："我就知道你家一定没有！"说完，竟从怀里拿出两根蜡烛，说："妈妈和我怕你一个人住又没有蜡烛，所以我带两根来送你。"此刻，女子自责、感动得热泪盈眶，将那小孩子紧紧地拥在怀里。

关爱就如一把钥匙，轻轻地插入人们的心间，它是生命沟通最简单的方式。怀着一颗关爱别人的心，去看待社会、看待父母、看待同学，你会发现自己是多么快乐。让我们开始关爱人，关爱世界上的每一个生灵，让关爱轻舞于心间。

天堂中，上帝把珍馐佳肴赐给智者和愚者，而在他们每人面前放了一双很长的筷子，愚者迫不及待地拿起筷子，夹起食物，却怎么也送不到自己嘴中，而智者却不慌不忙地用筷子夹起食物送到对面人的口中，而对面的人用同样的方法把食物喂进智者的嘴里。这虽是一则寓言故事，却能充分反映出生活中的两种人的处事方式和不同的得失。

正在走路的你，一个陌生人一句"你好"，你的心中便会充满春天般的温暖，随之会报之以感激的微笑和同样的问候，而当一个脸色阴沉的人坐在你的对面，旁若无人地做自己的事，也不管是否会影响到你，你心中是什么感觉呢？愚者"各人自扫门前雪，休管他人瓦上霜"，好像既没得罪别人，自己的事也能处理得有条不紊，但当他分身无术，事务繁多时，自己的门前雪也不会有人为他打扫，而智者既扫自己门前雪，又清除他人的瓦上霜，在危难的时候，不用开口，自家的门前雪就会被打扫得干干净净。

生活中人们之间的交往就是这样，付出总有回报，投之以桃、报之以李，若投之以自私，则报之以无情。

事例一

西奥多·罗斯福总统深受美国人的爱戴，他的仆人们也异常喜欢他，因为他是一个在细微之处都关心别人的人。

有一次，他的女仆安妮问罗斯福总统关于一只鹑鸟的事。她从没有见过鹑鸟，于是他详细地描述一番。没多久之后，安妮住的小屋的电话铃响了。

安妮住在牡蛎湾罗斯福家宅的一栋小屋内。安妮拿起电话，原来是总统打来的。他说，他打电话是要告诉她，她窗口外面正好有一只鹑鸟，又说如果她往外看的话，就能看得到。

安妮接到电话后异常感动。这类小事罗斯福总统时常做出，仆人们能不喜欢他吗？

有一天，罗斯福到白宫去拜访（当时他已不是总统），当他看到厨房的欧巴桑亚丽丝时，就问她是否还烘制玉米面包，亚丽丝说，她有时会为仆人们烘一些，楼上的人都不吃，“他们的口味太差了”，罗斯福不平地说，“等我见到总统时我会告诉他的。”亚丽丝把一块玉米面包给他，他一面走向办公室，一面吃，还不时地同经过的园丁和工人们打招呼……工人艾克胡福在说到这件事时眼中含着泪：“他对待每个人，就和他以前一样，这是近两年来我们唯一快乐的日子，我们中的任何人，都不愿意把这个日子跟一张百元大钞交换。”

事例二

戴安娜王妃虽已经去世了，但英国好多人都还缅怀她，因为她有一颗平易近人、关心他人的善良的心，这曾经使许多人为之感动。

英国曾有一个著名的芭蕾舞明星埃利，才22岁，不幸由于患了骨癌准备截肢。手术前，埃利的亲朋好友，包括她的观众闻讯赶来探望。这个说：“别难过，没准儿出现奇迹，还有机会慢慢站起来呢。”那个说：“你是个坚强的孩子，一定要挺住，我们都在为你祈祷。”埃利一言不发，默默地向所有人微笑致谢，但众人看得出，她还是非常忧郁。

埃利很想见到戴安娜王妃，她优美的舞姿曾得到戴妃的赞美，夸她像“一只洁白的小天鹅”。戴安娜王妃终于在百忙中赶来看望她。她把埃利搂进怀里说：“好孩子，我知道你一定很伤心，痛痛快快地哭吧，哭够了再说。”埃利一下子泪如泉涌。自从得了病，什么安慰的话都有人说过了，就是没有人说过这样的话，埃利觉得最能体贴理解她的就是这样的话！

戴安娜虽出身富家，却没受过高等教育，她经常自嘲自己笨得像牛，智商不高。但是我们相信她的情商一定很高。这种独有的天赋让她的形象在人们心中永远那么温柔善良，颇具亲和力，是很多人不能够替代的。

生活中有些人只考虑到自己，不知道关心别人或很少关心别人，那么他（她）们又会得到什么呢？

有位老太太，六十多岁了还喜欢骑自行车上街。

有一次，她又骑车上街，回来时告诉老头，路上被一骑车的人拐了一下，摔了一跤。老伴急切地问："车子摔坏没？"老太太当时就火了，抡起胳膊对着老头就是一拳！老先生莫名其妙，只见老太太怒目圆睁，说："我摔了一跤，你不问问老太婆摔伤没有，倒先关心你的自行车摔坏没有！啊？我在你心里还没有一辆自行车重要吗？"

老先生委屈地连忙辩解："我看你能自己回家，想必没有什么大碍，所以就关心自行车摔坏没有！"

老太太对老伴讲这件事，肯定是想博得老伴的同情和关心，老伴不但不同情、安慰，反而先问自行车是否摔坏了，挨一拳还算便宜他了。

细细想来，生活中我们常常会遇到诸如此类的事情，你这时的一举一动非常重要。想他人所想，为他人做点什么，这是我们的最好选择。

三、与假恶丑做斗争

河南涧西人民法院指出了当今青少年的犯罪状况。这个对于青少年明辨是非具有重要的作用，现摘录如下。

青少年犯罪问题在当前社会中日益突出，预防和控制青少年犯罪是全社会义不容辞的责任。对近年来青少年犯罪的现状进行了调研，并对其特点进行了分析，针对特点提出相应的预防措施，以期对减少青少年犯罪有所帮助。

1. 青少年犯罪情况的现状

目前，在基层法院中，青少年犯罪案件的审理采取了指定审理的原则，河南洛阳市城市区内的青少年犯罪案件统一指定由洛阳市涧西区人民法院审理。从该院少年审判庭 2004 年至 2007 年审理的涉少案件情况来看：2004 年审理案件 112 件 231 人，其中未成年人 75 人；2005 年审理案件 136 件 293 人，其中涉及未成年人 166 人；2006 年审理案件 123 件 276 人，其中未成年人 132 人；2007 年审理案件 229 件 590 人，其中未成年人 342 人。四年来，该院共审理未成年人 715 人，占总数的 51%，其身份构成主要为农民和青少年；从量刑上来看，在涉案的 715 名未成年人中，被判处三年以下有期徒刑的为 585 人，占总数的 82%。在 715 名未成年人中，初犯为 697 人，占总数的 97%；初中以下文化程度为 624 人，占总数的 87%。

2. 当前青少年犯罪的特点

当前青少年犯罪主要表现为以下几个特点。

①案件突发性强青少年犯罪的突发性是指事先没有明显的犯罪动机和明确的作案目标，相互之间仅仅因为某一句话或某一行为而产生纠纷，最终导致犯罪行为的发生。如被告人张某、赵某等人抢劫一案：被告人张某与同案犯赵某等四人在某电子游戏厅相遇后，赵某开玩笑地提出找人“练练”（指打架），其余三人均表示同意，四人即拦住刚从电子游戏厅出来的未满十四岁的受害人王、万二人，将二人带到附近的某公司院内进行殴打，并将两人身上的现金 70 元及西服 2 件抢走。在事发前，他们并没有任何犯罪动机及犯罪目标，其中一人提出找人打架时，其他人不加考虑就积极响应。当另外有人提出抢钱时，他们又忘记了当初找人的目的是打架。由此看出，这个年龄段的孩子在做一件事之前没有特定的目的，随着情况的变化，目的也随之而变化，当自己的行为触犯了法律的时候还浑然不知。这一系列的动机和目的之间都具有极大的偶然性，也正是由此才一步步地从玩游戏发展为抢劫，行为的性质也发生了根本的变化。事件发生的偶然性是当前青少年犯罪的一个最显著特点，在 715 名青少年中，仅有 18 名青少年有过犯罪前科，其余 97% 的青少年都为初犯，充分说明了青少年犯罪突发性的特点。

②主观盲目性大。由于青少年辨别是非的能力较弱，对自己行为后果的严重性预见不足，当结果发生后才知道已构成犯罪。更有

一些青少年，因中途辍学而过早地走上社会，是非观念较为模糊，认为逞强好胜、敢打敢拼才是英雄，不计后果地讲哥们义气，愿意为朋友两肋插刀，结果不知不觉地走上犯罪道路。某重点高中察某、赵某故意伤害致人死亡一案就是一个典型的例子：察、赵等人放学后在校门口玩耍，看见街对面几个青少年在对着树玩拳击，认为对方太狂妄，随后就向对方扔砖头，并发生口角，最后双方动手打了起来，察某一方因人多势众，用随身携带的匕首、钢管等将对方一名青少年打倒在地后扬长而去，这名青少年经抢救无效死亡。

几个十五六岁的孩子在事发前没有任何犯罪动机及犯罪目标，仅仅是偶然看到对方在对着树练习拳击，就认为对方太狂妄，随后就向对方扔砖头、发生口角，最终产生致人死亡的严重后果。在实施这一系列的行为时，察某等人对其行为可能致对方死亡的后果，在主观认识上是盲目的。由于青少年处于这个特定的年龄阶段，他们在认识社会、辨别是非以及处理问题的能力上有一定的局限性，因而，形成的人生观和价值观也是不完善的。他们对自己的行为后果及危害程度不能够客观地做出判断，当外界的情况发生变化时，又不能够加以控制，因此，他们在做某件事情时的行为和要达到的实际结果往往不能统一，在是非识别方面比较模糊，头脑中没有一个明确的界限。

③共同犯罪案件多。正处于身心发育阶段的青少年，因思想尚不成熟，意志上不够稳定，所以他们的心理依附性也比较强。随着年龄的增长，处于该阶段的青少年逐渐地和父母有所疏远，有些事情不再依赖父母，他们相应地和同年龄段的孩子接触较多。这个时期的孩子在思想上认为自己已经是大人了，当他们受到欺负或委屈时宁愿告诉同伴而不愿意告诉家长和老师，在这种情况下，如果一味忍让，就可能成为被欺负的对象，如果反抗则可能采取过激行为，最终导致青少年抢劫、伤害等犯罪的发生。这个阶段的孩子，尤其是男孩子，他们喜欢逞强好胜，以讲哥们义气为荣，总认为只要共同参加一些活动，即使是非法的活动，也是所谓“有福同享、有难同当”的朋友。另外，由于青少年在思想上不成熟，个体犯罪时心

理压力较大，因此在犯罪时也经常纠集同伙共同作案。在少年审判中，青少年共同作案、团伙作案的现象特别普遍，如冀某等 21 人盗窃、入室抢劫案中，涉案被告人年龄均在 15 岁至 18 岁之间，共同或团伙作案 35 起，造成严重的社会危害。在所审结案件的 715 名未成年被告人中，涉及共同犯罪的青少年为 472 人，占总数的 66%。

④环境影响较大。青少年由于思想意志不够稳定，因此，很容易受到周围环境的影响。从当前青少年犯罪的现状来看，青少年和外来务工人员占总数的 63%，其中有相当一部分青少年生活在非正常家庭环境中，如父母离异家庭、单亲家庭或随祖父母、外祖父母共同生活等，不能正常地和父母进行顺畅的沟通交流，形成内向、孤僻的性格，这些环境因素往往是引发犯罪的诱因。另外，寄宿生也是青少年犯罪的一个重要群体。寄宿生从家庭生活环境到学校集体生活环境的改变，使思想尚不稳定的青少年脱离了家长的监护，而学校的管理却因一些制度上的漏洞，从而导致寄宿生这个群体漏洞的管理上出现空白。司法审判中，有一些案件就是因寄宿生擅自离校去网吧上网染上网瘾，而采用不正当手段获取经济来源，或者在晚上到校外游玩，发生群殴事件，最终酿成犯罪。外来务工人员中的青少年犯罪，其犯罪主体往往因过早辍学或家庭贫困而外出打工，但因其文化素质较低或年龄较小而不容易找到工作或找不到合适的工作，当他们没有经济来源时很容易受到品质不良的成年老乡、朋友的影响或是受其利用，而去进行盗窃、抢劫等，引发财产型犯罪。

3. 对未成年犯罪的预防

社会学家将青少年这一年龄段称为“危险年龄时期”，因为这一年龄时期的孩子处于儿童时期和成人时期的衔接阶段。这一年龄段的孩子在心理上大多都有一种逆反心理，他们在思想上不再依赖于父母，会自己思考一些问题，甚至会对父母或老师的一些做法提出异议。因此，对青少年犯罪的预防，应结合其生活场所，从家庭、学校和社会三个方面来进行预防。

①家庭预防方面。家庭是孩子的第一所学校，父母是孩子的第

一任老师。在少年审判庭审理的案件中，有近31%的孩子是生活在残缺型家庭中。由于父母离异或一方伤亡等原因，导致对子女疏于教育和管理，当受到不良诱惑时，极容易走上犯罪道路。因此，在家庭教育方面，父母在日常生活中应给予孩子充分的尊重，使他们明确自己是一个独立的个体，锻炼其处理个人问题的能力。这样即使到了青少年时期或家庭环境发生变化，他们在思想和行为上的转变也不会很大。传统的父母在孩子童年时期喜欢对孩子的事情大包大揽，当孩子到了能够自己处理问题的时候，父母还是不放心，而孩子则对父母的关心不能理解，因此就产生了两者之间所谓的"代沟"。要解决好这一矛盾，首先，家长要给予孩子充分的尊重，使其有讲话的权利，当孩子做错了事情的时候，要给他解释的机会，并在孩子下一次做同样事情时给他一个合理的建议。其次，营造民主的家庭氛围，对事关全家的大事最好能给予孩子参与的权利，并征求他的意见，使其关心家里的事情，这样一方面适当地增强了他的家庭责任观念，使其心理上有一种归属感，另一方面当他要提出不正当的经济要求时，也会设身处地地为父母着想。最后一点就是属于孩子自己的事情尽量让他自己拿主意，父母如果过多地关心反而适得其反，不利于其健康成长。在日常生活中家长应有意识地教给他们处理突发事件的方法，锻炼他们解决这类问题的能力。通过有意识地循序渐进训练，当他们在生活中遇到类似问题时就会自觉地运用这种已形成的思维模式去解决问题。父母的尊重是孩子健康成长的第一要素，民主的家庭环境是父母和孩子进行沟通和交流的最好平台。

②学校教育方面。当前的学校教育仍然是把考试成绩作为评定学校优劣的唯一标准，这就造成了老师对青少年评定标准也是围绕考试成绩来定好坏。在一层层的重压下，造就了只注重学习而处理问题能力较差、丧失自我个性的青少年。由于老师的目光往往放在成绩比较好的青少年身上，而对于那些思想比较活跃的孩子则被认为是"不听话"的孩子，对其疏于管理和正确的引导，逐渐地使他们失去了对学习的兴趣，而沉迷于网络、交友等活动，当受到不良

诱因时，往往会走向犯罪。而对于那些性格较为内向、不善于交往而只知道学习的孩子，则应从心理教育方面入手，鼓励并引导他们多参加一些学校组织或家长参与的集体活动，如参加各种兴趣活动小组、特长班等，使他们有更多的时间和老师、同学、家长度过，相应地减少了他们面对不良诱因的影响，同时也使他们在情感上对父母和老师更加认同，对他们社会角色的转变和人际交往能力也是一个很好的锻炼。总之，学校应正确认识自己在青少年教育方面的定位，在教给他们知识的同时，也要对其人生观及时地给予积极正确的引导，在尽可能避免青少年面对突发问题的前提下，使其形成正确的是非观念和荣辱观，这样，即使真正遇到此类问题时，他们也能够冷静面对、从容解决。

③社会预防方面。社会预防是一个综合性的工作，需要多个部门的相互沟通、协调。社会治安稳定的最基层组织是社区，因此，开展社区预防服务是预防青少年犯罪的基础性工作。社会上的不良风气，是引发青少年犯罪的催化剂，因此，应通过社区预防工作这道屏障，使青少年形成一种对犯罪行为的自觉抵制力。那么，社区预防工作如何展示作为，以体现其价值，关键还是要和社区青少年的所想所愿结合起来，要以服务促发展，以服务求和谐。在社会预防中，应当营造青少年健康成长的社会环境，把预防青少年违法犯罪工作融入一系列的教育服务活动中，紧紧围绕青少年学习、生活、娱乐、就业开展各种形式的服务，为社区青少年的教育、管理形式注入丰富的内容。通过建立社区图书室，在社区宣传栏中普及法律知识、开展心理健康指导等社区服务，丰富青少年的社区生活，激发他们提高自身素质的积极性，以自律教育不断提高青少年的法制意识。对于外来青少年务工人员的犯罪预防则应坚持预防和打击犯罪相结合的方针，社区做好对该类人员管理和服务工作，帮助他们解决切身困难。同时，积极和辖区民警联系，联手打击犯罪，搞好社区的稳定，使青少年务工人员融入社区的生活环境中来。

第十章

想成功，你准备好了吗
——做个有准备的青少年

一、合理安排分配时间

一天，一个少年正埋头在阁楼上学习，母亲几次喊他下来吃饭都不见动静，只好把饭菜端上去。少年一面看书，一面下意识地将盘子里的东西夹起来往嘴里送，很快就将它们一扫而光。母亲走上来收拾盘子时问：“鱼子酱的味道如何?”“鱼子酱?”少年感到莫名其妙。“你刚才吃的呀!”母亲也莫名其妙。“它是鱼子酱?”少年深感遗憾。要知道，这是他最爱吃的食物，母亲今天特意为他做了一盘。谁知他光顾看书，竟不知道吃的是一盘向往已久的鱼子酱。

故事中的少年就是1970年诺贝尔生理学及医学奖获奖者朱利叶斯。从这则故事中我们了解到朱利叶斯之所以能够取得成功，跟他抓紧时间有关。对此，贝多芬和莫泊桑也深有同感，贝多芬说：“我的一切成就取决于我对时间的珍惜。”莫泊桑感慨：“世上真不知有多少能成就功业的人，都因为把难得的时间轻轻放过以致默默无闻了。”

实现学习目标，最重要的资源莫过于时间。你可能会说，谁不知道“惜时”呀！我和班上的同学开夜车、加班加点学习那是常事，睡眠和休息时间都被减少了，体育锻炼甚至被取消了呢。

其实，青少年如此“惜时”，短时间内学习成绩能上去，可时间一长，大脑和身体就吃不消了，就会出现神经衰弱的症状：头昏脑涨、精力无法集中等。学习效率反而严重下降，真是得不偿失。高考复习就像长跑一样是有氧运动，因此，我们不能采取短跑的冲刺战略。复习时间安排应该遵循“持久和高效学习”的原则。也就是说在时间安排方面要立足长远，保证学习过程中大脑机能和身体活动能力处于良好水平，至少不能有明显下降。在此基础上，再来考虑提高效率，做到高效率地学习和生活。真正的“惜时”是有效率地完成每一件事，真正的“惜时”是节约时间而不是延长时间。鲁迅先生说：“节省时间，也就是使一个人的有限生命，更加有效，而也即等于延长了人的生命。”

学习中遵循两条基本原则就可以保证自己的学习生活高效，这两条原则是：第一，劳逸结合，科学用脑。它要求我们一张一弛地安排生活。换言之，我们要把学习活动和其他活动有机地结合起来安排。这样既保证了各项活动的顺利完成，也保证了大脑得到休息和身体机能得到较好的维持。第二，交叉安排，高效学习。这要求我们不要长时间学习同一门课程，也不要长时间采取同一种学习活动方式。因为长时间从事某种单一活动会使大脑某些活动区域的细胞活动过度，导致学习效率下降。交换学习内容和学习方式可以使得部分疲劳大脑区域得到休息，休息的大脑区域则进行工作，这样既没有妨碍大脑的休息，也保证了学习活动高效率地进行。

1. 你的休息时间合理吗

(1) 坚持早起，神清气爽

睡懒觉使大脑皮层抑制时间过长，天长日久，可引起一定程度人为的大脑功能障碍，导致理解力和记忆力减退，还会使免疫功能下降，扰乱肌体的生物节律，使人懒散，产生惰性，同时对肌肉、关节和泌尿系统也不利。另外，由于夜间关闭门窗睡觉，早晨室内空气混浊，恋床很容易造成感冒、咳嗽等呼吸系统疾病的发生。因此，坚持早起，到室外呼吸新鲜的空气，对身体益处多多。

(2) 午间休息，精力充沛

适当午睡对于减轻身心疲惫，提高学习工作效率非常有益。午睡不在于时间长短，关键在于质量。建议平躺在床上四肢伸展，使得血液循环至脑部以缓解因大脑供血不足而产生的疲惫感。不宜趴在桌上，这种姿势不仅使呼吸受限，同时也使颈部和腰部的肌肉紧张，易患慢性颈肩病。有研究表明，午睡半小时，可以胜过晚间睡眠2小时给身体带来的轻松感。

（3）经常熬夜，影响健康

研究表明，如果长期熬夜，更会慢慢地出现失眠、健忘、易怒、焦虑不安等神经、精神症状。过度劳累使身体的神经系统功能紊乱，引起体内主要的器官和系统失衡，比如发生心律不齐、内分泌失调等，严重的就会导致全身的应激状态、感染疾病的概率相应提高。美国的免疫学家在对睡眠和人体免疫做了一系列研究后认为，睡眠除了可以消除疲劳，还与提高免疫力、抵抗疾病的能力有着密切关系。有充足睡眠的人血液中的T淋巴细胞和B淋巴细胞均有明显上升，而这两种细胞正是人体内免疫力的主力军。所以即使在相对紧张的工作中，也要保持充足的睡眠。研究表明，大青少年的睡眠时间一般每天不得少于7个小时。

2. 你的就餐时间搭配合理吗

一日三餐是人在漫长的岁月中形成的适应人体肠胃环境及生理功能的生理节律。定时进餐可以维持血液中营养物质的稳定，保证人体的正常活动，一般来讲，每餐之间间隔4～5小时是根据食物在人体胃中停留的时间决定的。

• 早餐：7：30左右即在起床后20至30分钟吃早餐最合适，因为这时人的食欲最旺盛。而且早餐与中餐以间隔4至5小时为好。也就是说，如果早餐过早，那么数量应该相应增加或者将午餐相应提前。

• 中餐：12：00—12：30为宜。午餐是最好的休息时间，应该让自己在一个轻松的环境下吃午饭。这样不但有益精神的放松，还有助于消化，对身体大有好处。

• 晚餐：一般宜在晚6点以后、7点以前吃为最好。这样，在4小时以后，即到晚10点以后或11点左右睡觉，较为适宜。

• 夜宵：我们不提倡青少年吃夜宵，因为临睡前进食，不仅会增加肠胃负担影响睡眠，还会影响第二天早餐的食欲。不过对于晚自习的同学而言，用脑时间较长会有饥饿的感觉，为了保证睡眠的质量，建议夜宵应少量，而且在9：30—10：00为宜。

同时应当强调的是，三餐时间要固定，形成有规律的生物钟。

3. 你的学习时间井井有条吗

进入大学，你会发现学习方式已由过去的接受老师传授知识为主的方式，转向以自学为主接受老师传授知识为辅。这就决定了你会有大量的学习时间自由支配。在大学里最主要的不是你学了多少东西，而在于你是否学会了如何学东西，如何找到自己的兴奋起点。

学习时间的运用方面，我们认为可以分为以下几类时间，并就其时间的具体安排做以下建议。

（1）整体时间

大青少年每天都要用大部分的时间来完成当天重要的事情——学习，大块的时间需要 2~3 个小时，在消化当天课堂的内容，完成课业之余，大量阅读与自己专业有关的书籍并查阅相关资料，以开拓思维，丰富自己的知识面。大块时间也可以灵活分散地安排，如把自习的时间分配到早上、下午和晚上，这样安排时间会令你身心愉快，且会产生一种成就感。

其中值得一提的是早晨的那段时间，“一日之计在于晨”，早上人的思维处于兴奋、清醒状态，因而把早晨的时间用来学习，或用来做一些重要的思考是十分适宜的。

（2）零碎时间

零碎时间看起来好像不太重要，但是如果能够把那些小块时间充分利用起来，以很少的时间来做一些学习中的小事，如记忆英文单词，练习英文听力、口语等，坚持下来，也是非常可观的。

（3）固定时间

同学们可以根据自己的学习习惯或生物钟制订学习时间计划，如果觉得在某个时段内进行学习的效果最好，可以把它固定下来，长此以往形成规律。

（4）弹性时间

大学学习生活的每项内容都需要时间，最好是留有弹性，即学习计划安排的预估时间应该稍微宽裕些。可以在两三项学习任务完成之后，安排一个弹性时间，一方面可以用来弥补以前还没有做完的事情，或是留作中途被干扰、打断以后的调节时间；另一方面可以用来休息缓冲，张弛有度。弹性时间不能够太长，10 分钟甚至 20 分钟是比较适当的。

4. 你的课余时间丰富多彩吗

大学校园生活丰富多彩。除了日常的教学活动之外，还有各种各样的讲座、学术报告、文娱活动、体育活动等。这些活动让大学新生眼花缭乱，如何更合理地安排课余休息时间呢？我们给大家提一些建议。

（1）运动时间——让我的身心放轻松

以健身为主要目的的体育锻炼，应当以有氧运动形式为主，因此，运动强度不要过大，但要保证足够的锻炼时间。

一般来说，以一天为时间单位，同学们运动的时间宜选在清晨、下午和傍晚，每次运动持续不超过0.5~2小时，在运动强度与运动时间之间出现矛盾时，应首先考虑运动时间。如果工作、学习较忙，每天无法挤出整半小时的时间进行锻炼，可以采取化整为零的办法，即每次锻炼10分钟，每天锻炼若干次，也同样可以取得较好的锻炼效果。

以一周为时间单位，每周运动次数因人而异，可每日坚持锻炼，也可隔日进行，可根据青少年实际身体情况、生活习惯及生理周期确定“几天打鱼，几天晒网”。大运动量的体育活动建议安排在周末假日进行。

（2）休闲娱乐时间——我的时间，我把握

休闲时间和工作时间一样，都是组成我们生命和生活的一部分。学会休闲是社会进步的一种标志，休闲的真谛是“自由、快乐、意义”，是以“欣然之态，做心爱之事”。要懂得放松，安排好自己的休息时间，才能把自己的身体状况调整到最佳状态。

我们建议大家在安排好学习工作之余，打理好自己的休闲娱乐时间。以一天计，可以安排1至2小时，如中餐、晚餐后、下午课后及晚上自习结束后等时间段都可以灵活安排。至于周末、双休日，可以安排一整天时间，到了盼望已久的法定节假日，则可以安排1~2天的休闲时间，全身心地放松做一些自己喜欢的事情。

5. 你对自己的生理周期了解吗

生理周期因人而异，心理状态和精力充沛程度在一天内也有高潮和低谷。不妨测定（连续记录）自己一天的心理状态、清醒程度和对事物反应的敏捷度，找出生理周期的变化曲线，然后合理安排每日活动，会达到事半功倍的效果。

6. 标准作息时间表

起居生活安排	时间安排
起床	6：30
晨练	6：30—7：00
早饭	7：00—7：20
早读	7：20—7：50
上课学习时间	8：00—11：30
午饭、休息	12：00—14：00
下午学习时间	14：00—17：30
课外活动	17：00—18：00
晚饭	18：00—19：00
晚自习	19：30—22：00
熄灯	23：00

二、充分做好准备

古人说过“凡事预则立，不预则废”。这就充分说明了提前预习准备的重要性。因此，无论在平时的学习还是日常生活中，我们都要有所准备。

有不少家长总会问老师，为什么孩子上课总容易走神，不能专注地听课？

其实，不仅仅家长有如此多的困惑，正在成长中的青少年也有这样的困惑。因为爸爸妈妈是他们心理上和思想上都为最亲的人，如果爸爸妈妈对自己的困惑都不能全心地接受和帮助的话，那还能找谁呢？青少年的注意力是有一定时间范围的，他们的年龄越小，能集中注意力的时间就会越短，从一开始的 10～15 分钟，再到后来的 30～40 分钟。其实，即使成年人上课时，也会走神的。对于青少年上课能否集中听课，最大的解决办法是调动自己的好奇心和求知欲，也就是有一个好的预习。

很多孩子，都没有预习的习惯，有预习的习惯的，做得也不太好。预习是什么呢？将第二天要学的知识过一遍，了解个大概，知道老师第二天讲什么。这是不够的！记得去山西一个中学做讲座时，一个高一的孩子跟我说，老师你说预习怎样最有效呢？然后，他一口气列出了四五种方法，接下来又说复习、考试，每一个又有好几种方法，我当时很感慨，孩子，你是在学习知识，还是学习方法呢？是不是本末倒置了?!

其实，预习很简单。青少年可以尝试从以下几点去做。

1. 明确下一节课老师要将要教的知识点是什么

很多人只是会看一看课本，了解一下都有什么具体内容，实际上这只是粗略的，考试真正考的都是最基本的知识，非常难的那些题目都是基本知识点的累积。好的预习，应该是在自己的本子上列出来这节的基本知识点，都涉及了哪些知识点，前边学习的知识点，与这节的知识点有什么联系吗。

2. 新知识点，所包含的知识点具体内容是什么

在第一步的基础之上，在知识点下面简要列出你自己认为的这个知识点的内容是什么。

3. 新知识点的内容，都包含了哪些解题方法

新的知识点，都有例题，可是多数人看例题的时候，基本上是自己做一遍，或者看一下只要了解了、会了就可以了，而这样做实际是不够的，例题的研究很重要，要学习课本上例题的步骤，这个题是对这个知识点的哪个角度的演示，为什么按这样的步骤写下来，每一步都有什么样的道理，也就是从上一步到下一步，包含了哪些知识点，这类题的方法步骤是什么。我们需要将这个总结出来。

4. 新知识点，你有哪些还存在不明白的地方

新的知识点，自己提前预习，存在不明白的地方其实是很正常的，最重要的是，将这些不明白的地方全部罗列出来，那么这些罗列出的知识点将会是第二天听讲的重点内容，你要在第二天听听老师的思路，老师解释这个知识点的思路。听老师讲这个知识点与你自己的想法有什么出入，有对比才能集中精力，如果你的思路好，甚至可以提出来告诉老师，分享它，这就是一种学习的快乐。

5. 拿出一张新纸，勾画出知识点的内容

在这张纸上，一一将这节知识点的所有点列出来，自己画一棵知识点树，

每个枝节都是这些知识点的细节，每个细节上列出解题方法，解题方法按照这样的样子列出来：

考察知识点角度：……

步骤安排：第一步……第二步……第三步……第四步……

该解题方法的陷阱是：……

该类题目考核的意图是：……

对于这些习惯，有些孩子可能一开始会出现不能适应的情况，习惯的养成本身就需要一定的时间，只要坚持下去，就会有一定的雏形，从“刻意不自然”到“刻意自然”再到“不刻意自然”，你就将掌握一个好的方法，提升自己注意力，掌握知识点背后的东西，掌握解题的规范化步骤。

青少年请记住，例题很重要，一定要引起高度重视，要逐渐养成规范化解题的步骤。小明在二次模拟考试的时候，数理化三科老师找错误才扣掉了5分，用老师的话说“他的答案就是标准答案”。现在的考试，是按照答题步骤给分的，每年会有很多出题阅卷的老师，深深感到现在的孩子在步骤上做得不到位，究其原因并不是粗心马虎，而是他们自己根本不了解什么是规范化步骤，没有总结好例题的具体答题步骤，没有思考上一步到下一步的知识点，怎么得到的下一步，以后凡是做题都要检查上一步是否能推出下一步，如果推不出一定是错误的，推出来了用的是什么知识点。

一旦养成了好的习惯，掌握了规范化答题，你的成绩就会出现奇迹性般的变化。

同样，在生活中，做任何事情也都要有所准备考虑。

不管做什么样的事情，也不管面对的是什么样的情况，都要在事前做好充分的准备。要知道，只有在做好准备的情况下，才会有事半功倍的效果。如果一个人在没有任何准备的情况下去做一件事情的话，不但成功的机会不大，反而会有更糟糕的事情发生。

古时候，一位王爷在洗澡时，不慎把刮脸刀丢在浴室里了。金禅寺的小和尚知道后，就自告奋勇要到浴室里去取。但是王爷说：“今天我要考核一下新来的侍童，让他去取。你可以同他一起去，如果他找不到的话，你再帮他的忙。”

这个侍童才来到王爷府一天，也是个极其机灵的孩子，这个时候正是晚上，浴室里连盏灯都没有，漆黑一团，而且王爷有吩咐，在找刮脸刀的时候不许点火照明，这样看起来事情会有些难度。

两个孩子一同去了浴室，过了大约十分钟，他们就回到了王爷那里，侍童手里拿着把刮脸刀，说："我找到了。"

王爷满心高兴，认为新来的侍童不错，就问他，"你是怎么找到的？"

侍童得意扬扬地说："浴室里漆黑一团，我进门后，就一点一点地用手向前摸。"王爷打断了侍童的话："这样太危险了，如果刮脸刀朝上的话，即使碰巧给你摸到了也会割破手的。"此时，侍童显得更加得意了："这一点，我很快也察觉到了，所以我就改用别的办法。"

"我走进浴室，立即感到地板很薄，是长条形的，我就用脚使劲蹬着地板，地板立即弹动起来，这样刮脸刀就会发出响声，我根据响声，找到了刮脸刀。"

"这个办法真不错，"王爷转身问小和尚，"你觉得这个办法可好？"

"能在短时间内想到这办法确实不错，"小和尚评判道，"不过，这也太危险了，因为我看见了那刮脸刀就在他的脚跟前，要是稍不留心，他的脚就会踩在刮脸刀上了。"

王爷惊奇地问："怎么，你居然看到了那把刮脸刀？"

"是的，我进屋不久就看到了，"小和尚解释说，"房子再暗，总会有些光亮的，再说刮脸刀是金属做成的，反光力比较强。"

侍童不服气："我在屋子里怎么没看到呢？难道你的眼睛是特殊的吗？"

小和尚继续解释："因为你在光亮的地方走进黑暗中，眼睛一时间还没有习惯，自然什么也看不到的。"

这时王爷也觉得奇怪了："难道你的眼睛就能很快适应黑暗的环境吗？"

"我的眼睛并不比他好，"小和尚说，"只不过我在去浴室的路上一直闭着眼睛，所以进了浴室后，比他早一些习惯黑暗的环境，也就看到了刮脸刀。"

三、善于分清事情的轻重缓急

比尔·盖茨曾经向效率专家艾维请教“如何更好地执行计划”的方法。艾维声称可以在10分钟内就给比尔·盖茨一样东西，这东西能把他公司的业绩提高50%，然后他递给比尔·盖茨一张空白纸说：“请在这张纸上写下你明天要做的6件最重要的事。”

结果，比尔·盖茨仅仅用了5分钟就把它写完。

艾维接着说；“现在用数字标明每件事情对你和你的公司的重要性次序。”

比尔·盖茨这次又花了5分钟。

艾维又说：“好了，把这张纸放进口袋，明天早上第一件事是把纸条拿出来，做第一件最重要的事。不要看其他的，只做第一件。着手办第一件事，直至完成为止。然后用同样的方法对待第2件、第3件……直到你下班为止。如果只做完第一件事，那不要紧，你总是在做最重要的事情。”

艾维最后说：“每一天都要这样做——你刚才看见了，只用10分钟时间，你对这种方法的价值深信不疑之后，让你公司的人也这样干。这个试验你爱做多久就做多久，然后给我寄支票，你认为值多少就给我多少。”

分清事情的轻重缓急，优先做好最重要的事，这是效率专家艾维教给比尔·盖茨的妙法。因为这个妙法，艾维得到了2.5万美元的酬劳和随支票一道附来的短语：“我平生所学，从未感到如此大的收益。”

比尔·盖茨认为：那些高效率人士，不管做什么事情，首先都用分清主次的办法来统筹做事。

那么如何分清主次，大幅度地提高自己的做事效率呢？比尔·盖茨对此归纳了三个判断标准：首先，明白我们必须做什么。这有两层意思：是否必须做？是否必须由我做？非做不可，但并非一定要你亲自做的事情，可以委派别人去做，自己只负责督促。其次，应该明白什么能给我最高的回报。应该用80%的精力做能带来最高回报的事情，而用20%的精力做其他事情。所谓“最高回报的事情”，即是符合“目标要求”，或自己会比别人干得更高效的事情。再次，应该清楚什么能给我们带来最大的满足感。最高回报的事情，并非都能给自己带来最大的满足感，均衡才有和谐满足。因此，无论你地位如何，总需要分配时间于令人满足和快乐的事情，只有这样，工作才是有趣的，并容易保持工作的热情。通过以上“三层过滤”，事情的轻重缓急就很清楚了，然后，以重要性优先排序（人们总有不按重要性顺序办事的倾向），并坚持按这个原则去做，你将会发现，再没有其他办法比按重要性办事更能有效利用时间了。

四、放平心态，走在成功的路上

在英国威斯敏斯特教堂的地下室里有一块墓碑，上面写了这样一段话：在我年轻的时候，我曾梦想改变这个世界，可当我成熟以后，我发现我不能够改变这个世界；于是，我将目光缩短一些，那就只改变我的国家吧。可当我到了暮年的时候，我发现我根本没有能力改变我的国家；于是，我最后的愿望，仅仅是改变我的家庭，可是这也是不可能的。当我躺在床上，行将就木的时候，我突然意识到：如果当初，我仅仅是从改变自己开始，也许我就能改变我的家庭；在家人的帮助和鼓励下，也许我就能为我的国家做一点事情；然后谁知道呢？说不定，我能改变这个世界！所以，其实对我们每个人来说，最重要的，是学习如何改变自己。人在年轻的时候，并不一定非要有具体的目标，对我们而言，追求内心的幸福感，不断充实自己，才是最重要的，如果太想成功，太想做好每一件事，人的欲望就会膨胀，会让自己变得不切实际，当能力无法满足人的欲望的时候，就会产生痛苦，怀疑人生，甚至自暴自弃，其实，只要放平心态，脚踏实地地一步步地成长，人生就是另外一番局面。

其实，有些仅仅是简单的话语、简单的道理，只是，我们只顾前行，追求着我们所痴迷的追求，或许是金钱，或许是一段感情，就这样，身心疲惫，忘却了我们原本最简单的初衷，而从未细细体会身边这样的简单，其实生活就是这样简单。开心也是一天，伤心也是一天，何必自己和自己过不去呢。人嘛，总会有不切实际的幻想，期望越高，失望越大。但只要还对生活充满希望，就不算失败。等能力强了，运气自然会来，机遇总是眷顾有准备的人。

所以，不要给自己太大的压力，人生需要“归零”。每过一段时间，都要将过去“清零”，让自己重新开始。不要让过去成为现在的包袱，轻装上阵才能走得更远。

人的心灵就像一个容器，时间长了里面难免会有沉渣。时时清空心灵的沉渣，该放手时就放手，该忘记的要忘记。扔掉过去的包袱，时时刷新自己，这样必能收获满意的人生。生命是一种缘，刻意追求的东西也许终生得不到，而不曾期待的灿烂反而会在淡泊从容中不期而至。生活坏到一定程度就会好起来，因为它无法更坏。努力过后，就会知道许多事情，坚持坚持，就过来了。只要心是晴朗的，人生就没有雨天。